佛教大学国際学術研究叢書 4

仏教と癒しの文化

第22回国際仏教文化学術会議実行委員会編

思文閣出版

本書は、2012年10月27日に佛教大学（日本・京都市）にて開催された「第22回国際仏教文化学術会議」の基調講演および研究発表を修正・加筆し、研究成果として刊行したものである。

仏教と癒しの文化＊目次

佛教大学国際学術研究叢書 4

巻頭言 ……………………………………………山 極 伸 之
刊行のお祝い ……………………………………丁　世　鉉

癒し文化のビジョン――仏教に現代人の治癒を問う――…朴　相　権……9
仏教と癒しの文化――在宅ターミナルケアの現状――……田 中 善 紹……38
病める社会の診断とその治療 …………………………柳　聖　泰……51
日本仏教に見る救済と癒し――地蔵信仰を中心に―― …笹 田 教 彰……75
懺悔修行を通じた現代人の仏教的治癒 …………………金　道　公……98
　　――元暁の『大乗六情懺悔』を中心に――
鎮める学習への転換 ………………………………………白 石 克 己……125

第22回国際仏教文化学術会議　総括 ……………………藤 堂 俊 英……155

　要旨（英文・ハングル）
　執筆者紹介
　翻訳者紹介

巻　頭　言

佛教大学学長
山　極　伸　之

　佛教大学は、2012年10月23日に開学100周年という大きな節目を無事に迎えることができました。これもひとえに、本学に関わりのある有縁の皆さま方のご支援の賜物であると、あらためて感謝申し上げます。
　本学は100年にわたる歴史を刻むにいたりましたが、1912年の開学以来、変わることなく仏教精神に根ざした人間教育に力を注いできました。とりわけ、国際化・グローバル化が進む社会の中で、国際感覚をもって活躍できる人材を養成することを人材養成の目的の一つに掲げ、世界の教育研究機関等との国際交流を通じて、教育・研究活動の活性化ならびに国際交流にともなう活動を通じた社会貢献にも取り組んでまいりました。
　国際学術交流の面に関しては、アジアを中心とする諸国の大学や研究機関との交流を積み重ねてまいりましたが、なかでも本学が仏教精神を建学理念とする大学であることから、韓国、中国、台湾を中心とした仏教系の大学や研究機関等との学術交流を積極的に進めてまいりました。さらに現在はベトナム、モンゴル、ハワイなど、さまざまな地域の大学や研究機関と学術交流協定を締結し、多様な取り組みを展開するにいたっております。
　このような取り組みのなか、佛教大学と韓国・圓光大学校との交流は、

本学の国際学術交流の中で最も長い歴史を有するものであり、第1回国際仏教文化学術会議の開催は、実に1973年に遡ります。以来、韓国・日本の両国において、およそ40年にわたり、さまざまなテーマのもとで学術会議が開催されてきましたが、2012年には「仏教と癒しの文化」をテーマとして第22回の学術会議が開催されました。本書は、佛教大学で開催されました第22回学術会議の成果として、基調講演ならびに研究発表を収めたものであります。

　世界のグローバル化とともに、急速に社会状況が変化する混沌とした現代社会において、私たちはあらためて仏教が有する現代的な意義や課題について問い直すべき時期にいたっていると考えます。第22回の学術会議では、「仏教と癒しの文化」という共通テーマのもと、仏教と癒しとのつながりや、現代社会の諸課題に対する癒しの必要性と仏教の役割等について、韓国と日本の研究者の方々により、多面的に議論いただきました。その成果が本書に掲載された内容であります。この成果が、日韓両国のみならず、仏教の現代社会に対する寄与への一助として、多方面で活用されますことを祈念してやみません。

　最後になりましたが、本書に貴重なご報告を頂戴いたしました諸先生に心より感謝申し上げますとともに、第22回国際仏教文化学術会議の開催ならびに本書の出版のためにご尽力いただきました、両国の関係各位にあらためてお礼申し上げます。

刊行のお祝い

圓光大学校総長

丁　世　鉉

　昨年、佛教大学は100周年を迎えました。改めてお祝い申し上げます。圓光大学校との学術交流も40周年を迎え、記念すべき第22回国際仏教文化学術会議が佛教大学で開かれることになりました。大会後には、お互いの研究成果が佛教大学国際学術研究叢書という形でまとめられ、何よりの喜びを感じております。

　人間のこころと癒しに関する問題は、いまや日本と韓国だけでなく全世界が注目するテーマになっております。『仏教と癒しの文化』は、仏教的な観点から人間の心と癒しへの方法を考え、新たな方向性を示す研究成果として非常に意義深いものといえるでしょう。特に、悟りへの追求や教学論理だけに焦点を合わせようとする仏教学が、人々の根本的な苦と悩みに実践的な方法をもって答えようとした点におきましては、従来の研究に比べても大きな意味を持っていると確信しております。

　本書の出版を機に、現代人のこころに癒しへの道が開かれること、そしてそのために大乗仏教の多様な方法論が提示されることを願っております。また今後、より具体的かつ可視的な成果を期待いたします。貴重な報告や原稿の提出にご協力いただきました両国の先生方に、もう一度お礼を申し上げます。

仏教と癒しの文化

癒し文化のビジョン
――仏教に現代人の治癒を問う――

朴　相　権

[要旨]　現代社会では、福祉の欲求が変化するのにともない治癒に対する関心も高まり、各種の治癒プログラムが多様に運用されている。音楽、美術、文学など芸術分野で遂行する治癒プログラムは大衆に参与を呼びかけており、医療分野でも精神的治癒に大きな役割を果たしはじめている。人文学の分野では哲学治癒が活発に展開されており、瞑想修行など宗教的な治癒方法は自分の宗教という信仰の領域を超えて関心と参与率が高く推移している。一方、これらの治癒プログラムは商業主義に便乗する面があり、多くの問題を露呈しているのも事実である。
　治癒のための診断と方法において苦痛の原因を個人の問題として決め付けることは完全な治癒を不可能にしている。したがって、筆者は個人の治癒、すなわち「自己治癒」とともに環境的な要因を修める治癒である「社会的治癒」に注目しなければならないと主張する。これは仏教を超えてすべての宗教の本分であり、宗教人として遂行しなければならない役割であると考える。とくに、仏教界でこのような修行に力点をおくことは仏者の使命であるという点を強調する。

序　論

　21世紀に入り、治癒への関心は高まっている。とくに、人文学の究極的な目的が治癒にあるという主張も説得力をもつ。伝統的に治癒（healing）という意味は疾病から身を守るという治療が主で、そこでの[1]

治癒は医学の専有であった。しかし、物質生活が豊かになり、医学の発達によって肉体の疾病を治療するのは以前に比べて優れた進展をみせている。そこからより高い次元の福祉実現、すなわちまことの幸福を求めようとする欲求が増し、精神的、霊的な治癒への関心が高くなった。

　さて、治癒とは今世紀に入っていきなりあらわれた話題ではない。古代を越えて原始時代の文化をみても治癒ということは人間生活の中でもっとも大きな比重を占めてきた。各種の神話や原始宗教の儀礼などでも肉体と精神の治癒文化がうかがえる。かかる文化が進化しつつさまざまな形態の文化を派生させており、治癒の分野も細分化された。現代の多様な学問は治癒の方法論的な進化の産物であるといっても過言ではないだろう。

　現代社会は全方位的な治癒が必要となった。現代の発達した医学は肉体の治癒（治療）のみならず、精神的な治癒までその領域を拡大している。医学は精神的もしくは霊的な苦痛と関連していることにまで医学的な診断と処方を下す。つまり、医療界では神経・精神系統の診療科目を開設し、人文学を導入して心理学・精神分析学・相談心理などの体系を次第に立てていく。けれども伝統的な霊的治療の方法については科学的に検証されていないという理由で排斥している。医学の蛮勇と傲慢であるといえる。

　世界保健機構（WHO）の憲章によると「健康は単純に疾病がない状態のみならず、身体的・精神的・社会的な生活の全般で完全な状態」(2)であるという。最近では霊的な次元での完全な安寧状態も健康の定義に付加しようとする動きもあるが、これは人間の健康とそれに基づいた幸福を総体的に把握しようとする努力の所産であるといえる。(3)

　既存の心理治癒に対して人文学的な治癒のためにさまざまな試みがなされ、具体化している。哲学・芸術・文学などを通した治癒、または宗

教伝統で発展してきた瞑想と修行の治癒など、治癒への接近方法はもっと多様になり、その領域も身体的な治癒から精神的・霊的治癒に拡大している。

1 現代の多様な治癒文化

(1) 心理治療

　西欧社会で治療（curing）はヒポクラテス（Hippocrates）以後、医学の領域として独立した。これは合理的であり、科学的な方式に基づいた疾病の治療を意味することであった。しかし、相変わらず人間の精神的・霊的な側面では、宗教・芸術・文学などがその機能を遂行してきた。

　しかし、宗教本来の治癒機能はその機能と効能が理性的・合理的な証拠を提示しにくい、という点から過去に比べて現代社会では宗教への依存度が顕著に低下している。のみならず、一方では宗教の治癒機能が神秘主義、または迷信的・巫俗的であるという理由で貶されているのが実情である。理性主義・合理主義の思潮を背景とする科学万能主義の流れはこのような問題を克服するために「精神医学」という名前で合理性・明証性を求める新学問を登場させた。理性主義・合理主義の流れを受容しつつ、人間の心理に対する客観的な学問の世界に進入しようとする意図であろう。

　近代以降、科学の発達とともに西洋医学も大きな発展をみせてきた。とくにジークムント・フロイト（S. Freud）が初めて精神分析を創案して以来、近代の西洋医学で誕生した「心理治療」は今も多様に発展し続けている。既存の心理治療は、病院という空間で神経精神科の医者や臨床心理士などが患者を対象として症状を取り扱う過程の治療行為であった。専門的な関係をもとにして心理的・情緒的な問題を深層的に接近・分析し、人格の再体制化を追求するのである。しかし、コルシーニ（R.

J. Corsini）は、このような心理治療の接近法は、2001年度すでに250種類以上があり、2008年現在、400種類を越えていると推算している。⁽⁵⁾

　最近の心理治療は、精神的な疾病を心理的に接近して治療するという次元を越え、自己成長や自己実現を目的とする心の治療または心身の治癒というところまでその範囲を広げている⁽⁶⁾。ところが、かかる本来的・根元的な霊的治癒を主な機能としてきたのは宗教である。シャロン・ミザレス（S. G. Mijares）は「分裂と葛藤の世紀の後に心理学と宗教は結局意味ある出合いをするようになった。心理学が認知的・情緒的・身体的、そして関係的な力動を研究する科学である反面、霊性は生活の神秘について照明してくれる。この二つは互いに補完する関係にある⁽⁷⁾」と言いつつ、いわゆる「心理霊性（psychospirituality）」の新たなパラダイムを主張し、古代人の智慧に注目した。

　ジョン・ウェルウッド（J. Wellwood）も西洋心理学の限界を指摘し、東洋心理学（瞑想）との出合いが必要であると主張した。彼は西洋心理学の研究態度を補完する東洋心理学の独特な視覚として、第一、東洋心理学は根本的に直接体験をもとにしているという点、第二、常に人間存在を全体的な観点でみようとする点、第三、根本的に明るい心の状態に照らして人間の経験を理解しようとすることを重視するという点などがあると明かしている⁽⁸⁾。

　西欧社会における伝統的な心理治療の方式は、精神分析学と行動主義心理学を中心とした機械論であり、自然主義的な概念に根拠した方式である。霊的な側面は徹底的に排除されてきた。しかし、1970年代中盤以降、全人治癒に関心をもつ学者たちを中心として人間の霊性に対する研究が活発に進められた。霊性への関心はおもに人間発達論と教育・相談と心理治療・健康管理分野などにおいて拡張されてきた。また、アメリカの人々は精神だけではなく霊魂についても話しつつ、その解決策を探

しているという。人間の人格が正常に機能するためには科学よりも宗教が生活に関与する必要があるという認識が拡大しているのである。宗教と健康に関する研究で有名なラルソン（D. B. Larson）博士は、『精神医学ジャーナル』に載せた資料の中で、宗教が治療に及ぼす影響について調査した。ここで彼は「宗教は非常に恵沢が大きく精神医学研究資料の中で80パーセント以上の事例でも有益なものとして報告されていた」[9]といっている。

　カール・ユング（K. G. Jung）は、精神医学と宗教との間に横たわっている多くの妨げを除去することに成功した一人である。彼はキリスト教が意識一辺倒の宗教になってしまったとよく言及した。とくに、これによってキリスト教の信仰者たちは彼らの無意識から断絶されてしまったといっている。象徴と祭儀は、伝統的に我らの信仰を表現する通路になってきたが、それが断絶されたからこそ神的啓示と疎通ができなくなり、分裂された自我を治療する機能も喪失されてしまったという。合理的・科学的接近方式はすべての宗教現象についても知的な基準のみで模索しようし、それが象徴に対する正しい理解を防ぐ結果を招来したといったのである。そして無意識と断絶された宗教は、もう我々に忍耐についても、治療についても話せなくなったのである。

（2）　哲学治癒

　哲学でも治癒について関心をよせている。いわゆる哲学治癒という分野の開拓がそれである。既存の哲学者たちといえば、彼らの思惟体系を他の人に伝えてくれる知識伝達者としての意味をもっていた。しかし、ウィトゲンシュタイン（L. J. J. Wittgenstein）は哲学を勉強するということについて「あなたの苦悶がちゃんとした苦悶であるか」あるいは「今、あなたが投げている質問がちゃんとした質問であるか」を絶えず

問い返すことであるといった。ウィトゲンシュタインにおける哲学とは、体系的な知識を積み重ねることではなく、一種の活動であり、間違った問題を解消する治癒作業であるといえる。そのような点で彼を治癒の哲学者とも称する。

「哲学治療学」という学問を主唱した哲学者もいる。『心、哲学として治療する』という哲学書では、深刻な心の病いをもっている人々は精神医学的な診断、またはそれにともなう化学薬物療法では治癒できないとみている。代りに硬くなっている心を解かせる人情的で、人間愛的な治癒を提供しなければならないと言い、そのためには言語的な哲学治癒がもっとも効果的であると主張しているのである(10)。ここでは当然、哲学相談が治癒方法としてのキーワードになる。哲学相談（philosophical counseling）、哲学治療（philosophical therapy）、哲学治癒（philosophical healing）、臨床哲学（clinical philosophy）、哲学実践（philosophical practice）などの多様な用語が使用されており、このような用語は現在、特別な区分なしに使われているようである。

キム・ジョンヒョンはこれらの用語を区分して「心の治癒・治療に関して哲学と連関された実践活動への地形図」を提示しつつ、哲学実践（Philosophische Praxis）、生活の芸術（Lebenskunst）、哲学治療（Philosophische Therapie）などを区分している。「哲学実践」とは、1981年アッヘンバハ（G. Achenbach）が初めて導入したものであり、自由な対話を通して来談者の思考の動きにつき添いつつ、哲学的に助言をすることである。それによって生活の問題を解決しようとして、（既存の）哲学実践と心理治療の関係を協業（Kooperation）の関係として把握した。このような哲学実践はまたアメリカのル・マリノフ（L. Marinoff）に注目され「哲学相談」としての変形が試みられる。マリノフは「PEACE」という5段階（問題：Problem、情緒：Emotion、分

析：Analysis、瞑想：Contemplation、平衡：Equilibrium）の方法を提示して哲学実践を大衆化することに寄与した。

　また、哲学の実践活動の一つとしての「生活の芸術（ars vivendi）」運動は、プレクト（R. D. Precht）などの「生活の智慧（Lenbensweisheit）」、1992年フランスのパリでマルク・ソーテ（M. Sautet）によって始まった「哲学カフェー（café philosophique）」、そしてシュミット（W. Schmid）などの「生活の芸術哲学」として具体化されている。アッヘンバハは生活の能力を強調しているのに対して、シュミットは自己配慮や生活の芸術を強調するという点で差異があるといえる。

　一方、哲学治療においては、ミヒャエル・ハンペ（M. Hampe）がヒステリ、神経症、鬱病などのような心理的疾病に関する既存の心理治療とは異なる「自身の状態に対する配慮」という「哲学的心理治療（Die Philosophische Psychotherapie）」を主張した。また、哲学治療の拡張としてマーティン・ポルトルム（M. Poltrum）は最近、解釈学、精神分析、現存再分析、ロゴセラピー、現象学、美学に基盤した心理治療としての哲学を「臨床哲学（Klinische Philosophie）」もしくは「哲学治療術（Philosophische Therapeutik）」として位置づけている[11]。

　哲学相談について初めて接する人々は哲学相談が心理相談とどう異なるかについて質問する。これについて哲学相談を提唱する哲学者たちは二つの差異を提示している[12]。一つは、哲学相談には正常（normal）と非正常（abnormal）の区分がないという点である。哲学相談は来談者（client）を患者として取り扱わず、常に来談者の思考と決定を尊重する。したがって、来談者の状態を正常と非正常のように分けない。精神的な苦しみは疾病（disease）というよりも不便（dis-ease）な状態であると見て取るために哲学では不便な状態を穏やかな状態に変化させるという[13]。このような点で哲学相談はその効果や目的が治療（treatment、もしく

― 15 ―

は therapy）であるが、これは医学的な意味ではなく、一種の比喩的な表現として自己治療（self-treatment）に近いのである。

　もう一つ、哲学相談では来談者と相談者との対話の過程が規定的（prescriptive）ではなく、相互的であり、協力的である。哲学相談者は特定な方法論として来談者を診断、処方、治療せず、対話の過程を通して来談者がみずから問題を解かせるようにし、自分の人生と世界を見る観点の発展を助ける役割をするのみである。

　ソロー（H. D. Thoreau, 1817-1862）は「哲学者になるということは深奥な思想を作り出すこと、またはある学派を作り出すことだけを意味することではない。それは人生の問題について理論的ではなく実践的に解明することも意味するのである」といっている。

（3）　芸術治療と文学治療

　芸術治療とは、分かりやすく説明すれば、音楽や美術など芸術を使って心の苦痛を治癒することを指す。アメリカ、ヨーロッパなどではすでに100年前から芸術治療が話題になっていた。既存の精神肢体障害や自閉症、痴呆症など、障害をもっている人々の治療法として利用されたが、最近は現代人のストレスを解消する方法の一つとして位置づけられている。音楽、美術に引き続き「ダンスセラピー」「ドラマセラピー」まで拡大した芸術治療は現代人に治癒を越えて一つの文化として受け取られている。

　チョン・ドンフンは、芸術治療がビタミンＣを補充するために食べる野菜と同じであると表現した。[14]芸術を体験することによって、心の深いところに積み重なっていた感情を引き出し、心配がなくなることによって精神健康を豊かにするという。すなわち硬直した筋肉をほぐすことによって生理機能を円滑にすることを助けることが芸術治療であると説明

するのである。

　芸術治療の中でもっとも人気が高い分野は「ヒーリング・ミュージック（Heal through the music）」と呼ばれる音楽治癒である。音楽界ではすでにグリーン・ミュージックやニューエイジなど、ヒーリング・ミュージックが新たなジャンルを形成している。代表的なニューエイジのミュージシャンとしては韓国だけでも50万枚以上のアルバムを販売したノルウェーのシークレット ガーデンがあり、日本の三重奏グループであるアコースティックカフェ、カナダのピアニストであるスティーブ・バラカットなどがいる。韓国では、オカリナ演奏家のハン・テジュ、ヒーリング・ミュージックの演奏グループのノトン（noton）などがヒーリング・ミュージックを先導している。

　ところが、音楽治癒についても普通の人々は一つの疑問を提起する。すなわち、音楽を聞くことだけでも心の治癒ができるならば、音楽鑑賞と音楽治癒はなにが違うかということである。この質問への解答はヒーリング・ミュージックの高い振動数（Hz）にあるという。普段、我々が聞く音は、大体2000Hz未満であるが、ニューエイジ、クラシックなどのヒーリング・ミュージックの振動数は2000Hzから5000Hzまで多様である。普段は感じられない多様な振動数が聴細胞を刺激することによって感情が快活になるということである。

　ベ・ミョンジンの場合、音は耳だけで聴くのではなく、身体もこれを聴けるという。たとえば、足をマッサージする時に爽やかな気分になるのは、ビリビリという音が内部の腱と筋肉を刺激するためであると説明する。[15]音楽治療は音楽を聴くことにとどまらないのである。また、音楽治癒の方法としてはピアノ、銅鑼など楽器を使う即興演奏もある。ベ・ミョンジンは憤怒や憎悪、愛や憧憬のような原初的な感情が即興演奏を通してあらわれると言い、その感情を純化してくれるとした。そこで、

彼は即興演奏が正しい自我意識を確立させるもっとも確実な方法であると主張した。

最近では音楽を漢方医学と結合させて治療する漢方音楽治療も注目されている。漢方における木火土金水の五行原理を音楽治療に応用することで、体質別、症状別に効果があるという音楽を聴かせたり楽器を演奏したりするのである。

絵画・彫塑・デザイン・書道・工芸など美術の全領域にかけて導入した美術治療は多く応用されている。美術治療という用語は、1961年ウルマン（E. Ulman）が『Bulletin of Art therapy』の創刊号に載せた論文で初めて使った。彼は「適切な表現がないから美術治療という用語を使った」と述懐しつつ、「美術治療は教育・リハビリ・精神治療など多様な分野で広く使われており、どのような領域で使われても共通の意味は、視覚芸術という手段を使って人格の統合、あるいは再統合を助けるための試み」であると述べている。本質的に美術治療は精神分析的な精神治療法への導入手段であるともいえる。

文学も治癒の世界に飛び込んだ。文学治療とは、来談者と治療者との相互作用のために「文学」という触媒を使うことである。読書治療（Bilbliotherapy）、詩治療（Poet Therapy）、ジャーナル治療（Journal Therapy）のすべてを含む表現である。文学治療における文学とは、詩や小説、随筆、動画のように印刷されている言語的な媒体を意味するのであり、文学治療はその文学を通して個人の内面を引き出せるように助けてくれる。事実、文学がストーリーテリング（Storytelling）の時代、文化コンテンツの時代と出合い、その役割と重要さがさらに高まったということはもう新たなことでもない。教育体制をみれば分かりやすい。文学は美術、音楽とともに現在の教育過程で実施する芸術教育の中で大きな比重を占めている。歴史的にも現実的にも文学は変化する世界の中

で少しずつ異なる特性を見せるのみならず、その役割を黙々と遂行してきた。しかし、現在行われている文学教育は試験のための教科書中心の学習にとどまっているのが現実である。もちろん、文学を通して感情と想像力、創意力を伸長するという教育課程の目標はあっても、実現されにくい。

　文学を享有するためには、言語・創作・鑑賞という三拍子をそろえなければならない。文学の言語は言葉、文字である。この言葉と文字はある程度の教育水準をもっている人々には見慣れないものではない。人間は生まれると自然に言葉を学び、学習を通して文字を習う。そして、この文字を使って数多くの作文をする。小学校の時に書き取り試験を受け、日記を書くことから大学での論述、そしてレポートまで。その過程で並外れた愛情をもって作文する人は多くない。作文の必要について頭は知っているが、実感できないためであろう。ただ、しなければならないから作文するのみである。強要によって作文に慣れるようにする教育体制は、我々を文学から疎外させる致命的な敵であるといえる。

　しかし、文学は何かの事実を暗記し、学習したり、当てもなく作文したりすることから誕生するものではない。何かを考えたり、感じたり、表現したりする間に生まれるのである。文学、芸術、教育のまことな目標はここにあるだろう。自発的に文学を体験する方法が分かるようになる時、そしてこのような文学を享有するようになる時に初めて文学は本来の力を出せるのである。文学治療はこのような観点から始まるのである。

　文学治療の究極的な目標は、他の心理治療と同じく観点の変化を通して来談者の自我尊重感（Self-esteem）の向上を助けることにある。言い換えれば、堂々としていて、美しい自分の本当の姿が発見できるように助けることにある。

文学を治療として語る人々は文学を慰安として受け取る。彼らは文学性のある文章を読みながらその中に沈潜し、そこに自分の席を作って今の自分の人生を投影する。それによってどのような話でも自分だけの論理として再組織する。このような作業は一種の精神分析的な方法と類似している。一つの作品の中で自分の席をとっている人々はその中で自分の人生を分析しつつ、自分はなぜそうしなければならなかったかという状況についてみずからの理解を求める。自分自身を理解しようとするこのような方法は治療にずいぶん効果的であるという。

　文学も一種の芸術のジャンルに含まれるといえる。このように芸術のジャンルが広いため、それ以外にも多様な芸術治療の方法があり、またこれからも多様な治療方法が開拓されるだろうと展望する。とくに、芸術的な治療を求めない人々においても芸術治療は創意性の増進および対人関係の改善などに効果的であるという理由で教育的にも受容されている。たとえば、子供たちが幼稚園の代わりに芸術治療センターに通う傾向もみられる。芸術治療センターを運営する人々は、音楽、美術、文学などの治療を単純な美術、音楽、作文や読書教育として取り扱わず、まったく異なる次元で理解しなければならないと主張する。つまり、該当分野の技術を知らせるのではなく、みずからがもっていた考えを思う存分表現し、創作する枠を設けてあげるのが重要であり、この過程で子供たちの創意力が発達するというのである。このような傾向は現代社会で精神健康が重要だと認識されるためであり、そのため今後文化セラピー産業の成長可能性は高いと展望される。

（4）瞑想治癒

　西洋心理学の心理治療においては相変わらず瞑想への正確な説明や理解ができないようである。かつてカール・ユングは瞑想を理解しようと

試み、集団無意識という概念として解釈したことがある。しかし、ユングの観点は瞑想修行者の立場でみれば、意識と無意識の心が分離しているという二元的なモデルであり、瞑想の経験を正確には理解していないという。(16)また、ユングは東洋的な一心は不明瞭な無意識に過ぎず、禅定における合一も無意識に同化された病理現象、朦朧な夢のような状態に過ぎないといった。ユングにおいて自我と世界、主と客、エゴの意識と意識対象という二元性は最後まで残る絶対的なものであった。(17)精神分析学が無意識の世界に深い関心をみせたことは事実であるが、相変わらず無意識の世界を疑っていたのである。

　ところで、ユングの主張とは異なって東洋の思考は一心を追求する。そして究極的な無分別の世界は人間の修行を通していたる心の境地であるとみなす。東洋的な瞑想の基本信念といえば、人間が根本的に神や宇宙など一切の存在から分離されていないということ、また宇宙万物がその根元は一つであり、一体であるということ、そしてその合一の地点が神や物質ではなく、空いている霊魂の空性として心で自覚されるということと要約できるだろう。その合一にいたるためには、エゴの意識的な分別を越えて、無分別の状態から目覚めなければならない。すなわち、心を空けつつも、心が朦朧にならず、みずからの宇宙的な一心を目覚めさせなければならないということである。これが東洋的な瞑想修行の道なのである。(18)

　ケン・ウィルバー（K. Wilber）は『意識のスペクトラム』で、意識をエゴ水準（Ego Level）、実存水準（Existential Level）、精神水準（Mind Level）と分けて説明しつつ、二元論的な区分から離れた精神水準のみが最上の究極的な実在であるとした。そして、我らが考察すべき唯一の「治療」は、すべて「精神の水準」に力点をおかなければならないと主張した。(19)ハン・ジャギョンは瞑想を「失われた自分を探して旅立

つ修行の道」であると定義し、「誰でもすでに知っている自分、その自分が自分の全部ではないということ、我は今私が私であると考えている私それ以上の存在であるということ、私が私以上であること、その自覚がすなわち瞑想の始まりである[20]」といった。

　瞑想治癒は基本的に既存の心理治療、哲学治療、芸術と文学治療などが二元的な態度を堅持するという点で対比される。もっとも基本的なことは医者と患者、相談者と来談者という観点から離れて、治癒者と治癒を受ける者が分化されない、いわゆる主客未分化の状態で自分が自分自身を治癒するという観点をとる。また、瞑想治癒は意識と無意識を分けず、人間の心をそのままで直接体験することによって治癒していく方式をとっている。人間本性の自覚を通して治癒を求める根元的な治癒であるといえよう。このように瞑想治癒は、人間の分別意識による治癒ではなく、無分別の本性、無意識の本性という側面で人間の完全な治癒を望むのである。

　瞑想治癒への関心は治癒に対する新たな方向を提示している。瞑想と科学を繋いだ心身医学者であるハーバート・ベンソン（H. Benson）は、ストレスに注目した。彼は心には緊張状態（stress）と弛緩状態（relaxation）があるとみた。緊張状態は人類の進化で生存のために要求される状態であったが、今は原始時代のように生存を脅かす環境がなくなったにもかかわらず、緊張状態による身体的な反応が残っているとした[21]。生存のために必要であった緊張状態が現代には生存を脅かす状態になってしまったということである。そして瞑想にはこのような緊張状態を弛緩してくれる効果があるとみた。彼は瞑想により緊張状態と弛緩状態を自由に往来できれば、現代人の疾病の大半はなくなるとみており、仏教の修行には弛緩状態を作り出す専門的な方法があるとみた。しかし、ベンソンが研究して適用した瞑想法は、すべての宗教的な色を排除した

純粋な意味の瞑想法であり、ただストレスに対峙して健康を増進することを目的としていた。

(5) 治癒トレンドに対する評価

　ここまで哲学治療、芸術治療についてさまざまな事例を紹介した。とくに、芸術治療は現在でも多様であるが、今後もっとも多くの方法論が生まれると予想される。だが、最近ブームになっているこれら治癒の方法にはどのような問題、あるいは限界があるかについても診断しておく必要があるだろう。もしこのような治癒のブームを一時的なトレンドであるとみなして傍観してしまうと、これからまたさまざまな社会の問題が発生すると考えられるためである。

　治癒に関する問題として指摘し得る第一は、このような治癒のブームが商業主義に便乗するということである。治癒という看板を立てた商業主義が無分別に乱立すれば、本来の目的から離脱し、また他の社会問題になる可能性が高くなる。

　第二は、思想的な根拠が充分ではないという点である。もちろん、これらの治癒トレンドは現在進行形であるので、試行錯誤を経つつ思想を代入し、方法的な体系を整えていく過程にあるともいえるだろう。しかし、商業主義が勢力を得ると思想的な検証と定立は無視されやすくなり、結果的に治癒の目的と離反したり、目的と方法が転倒したりする現象があらわれるだろう。

　第三は、商業主義と思想性の不在の結果、治癒の方法が持続性をもたず、一過性にとどまってしまう可能性があるということである。一過性にとどまるということは、一方では商品の価値がある新たな方法の創出に寄与するかも知れないが、治癒の対象者には価値観の混乱を起こし、治癒プログラムは外形的な形式主義に落ちるなど、上包みのみが華麗な

類似プログラムが氾濫すると予想されるのである。

　一方、西欧で定着しつつあるニューエイジ運動の場合にも類似の問題が露呈している。ニューエイジ運動は保守キリスト教、宣教に熱中する独善的キリスト教への反発から始まったが、キリスト教と完全に決別したのではなかった。そうであれば、キリスト教の根本精神をうまく含みつつ、方法論的な革新を標榜しなければなるまいが、没キリスト教的になり、また文化主体性を考えず、大衆迎合主義の様態があらわれるなど、限界をみせている。ニューエイジ運動については次節でまた詳しく考えてみよう。

2　自己治癒と社会的治癒

(1)　仏教の伝統における「自己治癒」

　治癒とは、損傷した生命、生活を正常化させることである。そこで治癒は3段階で行われなければならない。第一段階は、損傷以前の状態を確認し、また損傷した状態を診断することである。第二段階はなぜ損傷したかという原因を分析することである。第三段階はどのように回復すべきかの方法を探すことであり、方法が見つかれば、そのまま実行することである。医学的な疾病の治療もこのような手順と異ならない。

　仏教の教理はこのような治癒の過程をうまく体系化していると考えられる。すなわち、根本教理である苦・集・滅・道の四聖諦がそれである。苦聖諦は病脈の診断であり、集聖諦は病の原因探しであり、道聖諦は治癒の方法である。滅聖諦は回復可能性に対する信念、すなわち治癒できるという強い意志を結集させ、治癒の目的を極大化してくれる。このように仏教は治癒の教えであり、治癒の大きな枠を提示する宗教であるといえる。

　仏教の伝統では治癒の全過程を主に個人的な次元で照明し、多様な治

癒の方法を探求してきた。もちろん、治癒が必要なのは個人であり、その原因も因果の原理によって探していくことが当然である。しかし、因果はただ一つの原因から一つの結果を出す単純な構造ではない。重層的であり、多重の因果であるということはすでに普遍化した常識である。そのような点で治癒も病脈の診断から処方、そして臨床の適用にいたるまで全過程を重層的に原因に接近しなければならない。

　ところで、このような接近は必然的に社会という休制とぶつかる。たとえば、個人が心的に経験する苦痛はその原因が純然に個人のみにあらず、社会的な環境や外部的な影響によって相対的に発生するということである。とくに、現代人は相対的な貧困、比較劣等感、社会生活で受けるストレスによる苦痛指数が過去に比べて非常に高くなった。しかるにこのすべてを個人の案分、無所有、自業自得に帰せば、治癒の可能性は当然低くならざるを得ない。

　一方で、同じ環境に処していながらも、個人別に経験している苦痛指数が異なるという点に注目しなければならない。言い換えれば、個人的な原因も見過ごせないということである。万が一、すべての原因が個人ではなく社会と環境のみにあるとすれば、また完全な治癒は不可能になるだろう。そのような点で筆者は「自己治癒」と「社会的治癒」という二つの方向で治癒の過程が並行しなければならないと考える。ただし、筆者は新たな治癒文化のビジョンを提示するに際して、相対的に揺るがせられてきた社会的な治癒文化の拡散についてさらに強調したい。

　文化という属性は大衆性をもつ。少数の人の意識や活動を文化とは呼ばない。多数が共感し、関心をもちながら参加しようとするときに、意識や活動は文化として位置づけられ、普遍化した文化の層を形成するのである。そこで、我々にはこの時代の大衆が関心をみせ、参加できる治癒の文化を形成すべき使命がある。筆者はそれに仏教が先頭に立たなけ

ればならないと考えるのである。

(2) ニューエイジ運動と治癒
　社会構造的に発生する暴力に鈍感な韓国社会では、その暴力による事件を現実に露出し難い。また、暴力の後、被害者の心理治癒については放置されてきたといっても過言ではない。最近に入って、トラウマを経験した人々への社会的な治癒に関心が高まっているが、理解と支援は不足している。このような被害者に対して病院の場合、ただの「個人患者」として、ずいぶん受動的に「やむ人」を取り扱う。その人が経験した苦痛が社会的な問題であるという認識には繋がらず、個人の病理としてのみ取り扱われるのである。
　しかし、その苦痛は「社会的な苦痛」であることを明示し、社会的な方式で治癒しなければなるまい。このような趣旨をもって多くの市民団体では一時的に治癒の短期プログラムを行った。これは社会的な次元での治癒であったが、持続的にはできないという限界をみせた。専門的な心理支援を持続的で、安定的に提供しつつ、その苦痛が社会的な属性をもつということを明確に説明してくれる空間が必要である。
　ところで、このような空間はもう宗教の専有物ではない。個人の救援を重視する系統の宗教がますます立つ瀬がなくなる理由もここにあるだろう。このように伝統宗教の神や信仰に依存した救援の方式から逸脱し、新たな救援と治癒の章を開いていく流れの一つとしてニューエイジ運動[22]があげられる。無神論者と物質主義が蔓延する20世紀の末、人々は宗教的人間（homo religiosus）に対する認識を新たにする。既存の社会・文化・宗教に霊的な空虚を感じた人々が、それから脱皮しようとする動きを見せたのであり、それがいわゆるニューエイジという名前で展開したのである。

現代社会で新たな文化運動として台頭している運動は宗教的領域と密接な関係をもつ。この運動が個々人の霊性的な変化、すなわち人間の内的能力を開発し、宇宙の次元に到達することが救援であると確信するためである。このように人間意識を拡張させて神秘的な世界に到達することに関心を見せるこの運動は、意識拡張のためにさまざまな宗教であらわされる多様な要素と科学・心理・技術・精神分析などを混合させる。そこでこの運動は霊性的な面では放浪者的な性格をもち、さまざまなところに分散して小さなグループを形成しているので、正確には定義しにくい。けれども、これを治癒に適用して定義すれば「融複合的治癒」であるといえるだろう。

　この運動は1900年、ユートピア的な共同体である真理の山があるスイスのアスコーナで、A・ピオダが平信徒修道院を創設して始まった。この運動を創始し、指導した人々は主に科学者・心理学者・文学者で構成された平信徒であった。彼らは個人の経験に基づいて反権威主義的な霊性を創造しようとする意図をもち、東西洋のグノーシス主義的な伝統として物質主義に挑戦することによって新たな宗教と文化との出合いを試みたのである（ヘルマン・ヘッセ、リチャード・バックなど）。

　20世紀初に活発な活動をみせたアメリカのカリフォルニア州のエサレンとスコットランドのフィンドホーンもこの運動の主要本部になっている。この運動の基本路線は「すべては一つ」であるという「一元論（monism）」である。彼らはこの一元論から凡神論や凡内神論（panentheism）を引き出す。神は万物の中に存在し、万物がすなわち神であるという。このような思想は東洋の宗教、とくにヒンドゥー教と仏教、そして心理学の影響を強く受けている。これはこの運動の主な思想的背景にもうまくあらわされている。

　ニューエイジ運動は人間の超越能力に興味をそえ、現代宗教社会が堅

持してきた神中心思想から離れ、人本主義、とくに宇宙的人本主義を生んだ。しかし、この運動の主な関心は宗教的な真理追求ではない。彼らは人間の中にある無限な潜在能力と心的能力を開発して、自己の無知から解放されたり、治癒されたりし、結果的には宗教すらも人間の必要と状況による治療方法として取り扱おうとした。このようなニューエイジ運動の流れは現代人の生活の中にも自然に入り込み、拡散される側面があった。たとえば、クラシックとポップ・ミュージックが調和を成しているニューエイジ音楽は心理治療、ストレス解消、瞑想音楽などとして使われており、人間の無意識の無限な可能性を拡張・開発することによって神格化された非信仰的な内容を収める。

　ニューエイジ運動はたいてい楽観主義的であり、神秘主義的な要素を含んでいるが、キリスト教伝統の西欧社会で起こった「オリエンタリズムの再発見」という評価は励みになる。しかし、政治社会的な要素から脱却し、神秘主義の傾向に進んでいくのは望ましいことではなかった。なぜならば、政治社会性が欠けた神秘主義は保守性を帯び、伝統宗教が堅持してきた保守性に縛られることになるためである。政治社会的な利害関係としての先鋭な葛藤や苦痛に目をそらすということは、伝統宗教と何の区別もないことである。このような様相はまるで宗教の枠に閉じ込められない第三の宗教のように位置づけられる危険性としてみえてくるのである。

　このようにみれば、伝統宗教とニューエイジ運動は治癒を目的にするという点では共通しているが、何かに所属している治癒と所属していない治癒という点のみが区別されるのである。

　にもかかわらず、ニューエイジ運動は伝統宗教に多くの刺激を与えた。特定の宗教に所属しない宗教運動であり、伝統宗教への挑戦であるとみることができるためである。仏教の立場でみれば、ニューエイジ運動は

仏教への挑戦であるともいえるだろう。仏教が現代社会の治癒文化を創出するにおいてニューエイジ運動の本質と方法論を亀鑑として取り扱う必要があるだろう。

(3) 禅仏教運動と念仏禅、そして治癒

　西欧社会で注目している禅仏教は、仏教の伝統とは差別化された姿をみせている。仏教を西欧社会に伝えた人々の意図とは関係なく、西欧の人々はほとんど仏教の教団に所属することを望まない。そうしながらもキリスト教とは異なる次元の霊性探し、つまり瞑想に心酔する。西欧人にとって禅仏教、仏教的な瞑想法はキリスト教の神（God）中心の救援論に比べて人本主義的であり、事実的であるという点で新鮮であっただろう。

　しかし、禅仏教、瞑想仏教を経験した時の新鮮な衝撃がどのぐらい持続するかはよく分からない。一部の瞑想修行者たちは禅仏教、瞑想仏教の方法に少しずつ懐疑を起こしているためである。修行の方法があまりにも単調で、社会と隔離された個人中心の治癒法であるというのが理由である。西欧社会は東洋よりもっと政治社会が構造化しており、その中で彼らの生活を営んでいる。そこで、個人的な瞑想で治癒の成果を得たとしても、社会に出た時にはまた挫絶と苦痛の経験に直面しなければならないのである。

　したがって、「社会的な治癒」は「自己治癒」と並行しなければなるまいが、現代人は「社会的な治癒」により乾きを覚えていると考える。また、世界はグローバル時代に入り、東洋の人々も生活の形態が西欧的な構造に変わっている。そのように構造化された社会の中で圧迫を受ける現実をみると、西欧の前轍を踏んでいるようである。

　そのような変化の中でヴィパッサナー（vipassana）修行の「マイン

ドフルネス」が現代人にもう一つの治癒方法として注目されている。「マインドフルネス」として翻訳されるサティー（sati）という言葉は、「記憶する（samsarati）」という意味をもつ動詞語根で派生した名詞である。ところで、心の機能の一つであったサティーは「過去を記憶する機能」よりも「心の現前（presence of mind）、現在に対する注意集中（attentiveness of the present）、明らかな自覚（awareness）、充分な覚め（wakefulness）、そして注意深い（heedfulness）」を意味する言葉になっている。

サヤド・ウ・パンディタ（Sayadaw U Panditābhivamsa）は、マインドフルネス修行に七つの利益があるとした。①心の清浄（sattānaṃ visuddhiyā）、②悲しみの克服、③悲嘆の克服（soka-pariddavānaṃ samatikkamāya）、④肉体的な苦痛の消滅、⑤精神的な苦悩の消滅（dukkha-domanassānaṃ atthagamāya）、⑥正しい道（八正道）にいたる（ñāyassa adhigamāya）、⑦涅槃の成就（nibbānassa sacchikiriyāya）ができるという。

このような利益は修行を通して得られる効果であるが、心が揺らがず、浮かばない状態にならなければならないということがマインドフルネス修行の重要な基本姿勢である。しかし、それよりもっと重要なのは、あらわれる対象を操作したり、コントロールしたりせず、観察対象として眺めようとする態度である。修行者はただ、今そこにいる対象をありのまま観察しなければならず、何かを期待したり、そこで何かを得ようとしたりしてはならない。現代人はヴィパッサナー修行とその結果としての智慧を通して自己中心や、対象を操作することによって自分の便益を図ろうとする利己主義から離れなければならないのである。

ところで、禅仏教よりも先に大衆化した仏教、多様な人々が分かりやすく仏教に接し、修行していく道として「念仏」があるということを見

過ごしてはならない。大乗仏教、そのなかでも東アジアの仏教において念仏が定着していく過程をみれば、廬山慧遠が導いた白蓮結社があり、このような結社運動を基盤として中国で仏教の大衆化がなされ、その後に禅仏教が広がるようになったといってもいいだろう。(25)以降、禅と念仏は常に仏教修行において互いに調和しつつも仏教修行の双璧をなしてきたともいえる。とくに、韓国仏教においては、高麗時代の普照国師知訥（1158～1210）の禅を中心とした定慧結社と円妙国師了世（1163～1245）の念仏を中心とした白蓮結社が同時代に生まれており、以降、朝鮮時代にいたっても念仏と禅は常に仏教修行の中心になってきた。最近になって韓国では、ただ禅仏教、あるいは禅修行のみが仏教修行の精髄であるようにみなされつつあり、念仏にとっては疎ましい傾向があるが、念仏がもつ修行の価値と大衆性を無視してはならないであろう。

　韓国社会ではいわゆる「念仏禅」ということばが登場している。(26)「念仏禅」の思想的な根源は高麗時代の太古国師普愚（1301～1382）が念仏と看話禅を結合する形態の修行を主張したことに起因するのであり、朝鮮時代を通して伝えられ、現代にまでいたっている。「念仏禅」では西方浄土ではなく、唯心浄土を主張しており、韓国的な念仏思想の展開であるともいえる。とくに、念仏禅を通しては自心弥陀を追求しており、このような修行によって悟りを得ることを究極的な目的とする。

　自分の内面に宿っている本来の仏性を念仏禅によって自覚するということは、すなわち個人の内的治癒を完成していく過程であるともいえる。のみならず、念仏はみずから「易行道」であると称しているように、多くの大衆を「西方浄土」あるいは「自性極楽」の世界に引導する修行方法という点で、他のどのような仏教修行よりも大衆的であることが分かる。さらに、誰でも簡単に西方浄土に生まれることができるという希望は、念仏の治癒がただ現実の個人治癒にとどまらず、社会全体を通して

治癒文化を拡散していくことに役立つと考えられる。

　現代社会で仏教を中心として治癒の新たな地平を開いていくべき必要性は強力に要請される。仏教はすでに西欧人の関心を惹きつけたが、そこにとどまらず、世界的なトレンドとして位置づけられている禅仏教の瞑想治癒法をさらに進めていき、絶えず新たな方法論を創出しなければならない、ということである。これはただ仏教の勢力拡張やキリスト教に対応する宗教としての方向ではなく、まことに人類の生活を導くという仏教の究極的な教えに応えることで出発するべきである。また、念仏を中心として大衆の接近が容易な仏教の修行体系を新たに定立しなければならない。このような問題についてはむしろ念仏を中心として世界と衆生の救済をしようとした法然上人（1133〜1212）の教えを継承している日本の浄土宗と佛教大学に慎重にその道をお尋ねしたい。

結　論——仏教が指向すべき治癒文化——

　以上のように現代の治癒文化が確実に位置づけられるためには、どのような伝統思想よりも仏教への期待が大きいと考えられる。もちろん、このような期待は仏教の伝統に対する反省と冷徹な現実認識を基にして、展開する治癒文化のビジョンをどのように創出するかにかかっているだろう。

　仏教の教えが浩大であるという点に多くの仏教信者は誇りをもつ。とくに、菩薩精神を基底にする大乗仏教に対する好感度は、もう普遍化している認識であろう。菩薩精神の核心は周知のように「上救菩提下化衆生」や「自未度先導他」のように表現される。このような菩薩精神は、一部の宗教でみられる教団膨張主義や宣教地上主義とは距離を置く。とくに、韓国のような多宗教社会、宗教多元主義社会で大乗仏教は大衆の好感度が相当高い方である。

ただ、菩薩精神を治癒に当てはめても、現代という状況に似合う新たな治癒の方法論が導き出されないということがもどかしい。そのような点で論者は「仏教に現代人の治癒を問う」という副題が暗示する治癒文化のビジョンを次のように提示したい。

　第一、他の宗教との競争構図から脱皮して普遍宗教に生まれ変わることである。当然、教団主義、教団というよりも集団利己主義から離れなければなるまい。

　第二、宣教と布教をする場合にも徹底に利他的な菩薩精神を具現することに没入しなければなるまい。そして、菩薩精神の社会的な拡散のために何が先行されなければならないかについて参考とすべきである。人間をはじめとするすべての存在はどのような場合にも独存せず、徹底的に他との関係性を持つ存在であることを自覚しなければならない。そして、その関係がとくに人間においては社会という構造的な有機体を形成しているという点で利他主義の実現として社会を完成しうるべきであるという点を自覚しなければなるまい。

　第三、犠牲的であり、利他的な社会運動を展開することである。犠牲的な利他主義とは、厳密にいえば、犠牲ではなく、利他でもない。狭い視角でみれば犠牲であるが、広い意味では犠牲を通して具現化されて正義社会の中で自分の人生をうまく営為しうるのである。結局は自分の人生のために犠牲にする、ということになるのである。

　宗教の枠を越えて、各種の市民運動（NGO）が活発に展開している現代社会で、仏教はこれら市民運動に積極参加する必要がある。のみならず、そのような運動を先導する必要がある。仏教がこのような運動を先導しなければならない理由は、仏教はどのような場合にも利益集団に変質してしまう可能性が希薄であるためである。とくに、菩薩精神を基本にしつつ展開する運動であれば、社会的共感と大衆との疎通が他の集

団よりも殊勝であると確信する。このような精神をあらわす具体的な方法論としての治癒文化の創出、そしてその文化を絶えずアップグレードさせることは我々の責任であり、この時代が我ら仏教信者に与えた使命である。

【注】
（１） 治療（curing）は必ずしも治癒（healing）を意味することではない。治療が具体的な療法（therapy）を通した身体的な痛みや心理的な病症を解消することに焦点を当てているとするならば、治癒は身体的な治癒のみならず、相談（counselling）による精神的な治癒、そして瞑想（meditation）による霊的治癒にいたるまでさらに広い意味として使われている。とりわけ、個人的な治癒はもちろんのこと、集団的、社会的な治癒などまで幅広く適用可能である。ここでは治癒と治療を区分せず使っているが、相談と瞑想、修行を含めた広い意味で使うときには治癒という表現を使うようにした。

（２） "Health is a state of complete physical, mental and social well-being and not merely the absence of disease or infirmity." "Basic Document", forty-fifth, Supplement, October, 2006. Preamble to the Constitution of the World Health Organization as adopted by the International Health Conference, New York, 19-22 June, 1946; signed on 22 July 1946 by the representatives of 61 States (*Official Records of the World Health Organization*, no. 2, p. 100) and entered into force on 7 April 1948. (http://who.int/about/definition/en/print.html)

（３） イ・ジョンチャン『韓国で医を論ずる』ソナム、2000年、249頁。

（４）　イ・ナムキョン「仏教修行の心理治療的な適用に関する研究」東国大学校大学院博士学位論文、2011年、9頁。

（５）　Corsini, R. J., & Wedding, D., *Current Psychotherapies.* New York: Brooks, 2007; ホ・ジェホン「心理治療の治療要因と人文治療方法論」（『人文治療』江原大学校人文科学研究所、2009年、207頁）の内容を再引用。

（６）　Banner, D. G. Toward a Psychotherapy of Spirituality: Implications for Personal and Psychotherapy. *Journal of Psychotherapy and Christianity*, vol. 8 (1), 1980, pp. 19-30; 安藤治著、インギョン、イ・ピルウォン訳『心理治療と仏教──禅と瞑想に対する心理学的理解と適用──』仏光出版社、2010年、17頁。

（７）　Sharon G. Mijares, *Modern Psychology and Ancient Wisdom: Psychological Healing Practices from the World's Religious Traditions*, Haworth Press Inc., 2003.

（８）　彼がここで使っている「東洋」という意味は道家、ヒンドゥー教、仏教、スフィー教などの伝統を総称する言葉としてであり、東洋的であるという意味は必ずしも地理的な環境の産物ではなく、西洋文化と心理学の主流とはことなり、人間性への異なる接近を指す総称であると見て取れる（ジョン・ウェルウッド編著、パク・ヒジュン訳『東洋の瞑想と西洋の心理学』凡洋社出版部、1987年、17～22頁参照）。

（９）　ラルソンは陽子医学（Quantum Medicine）に関心をもつ精神医学者であった。陽子医学において心は肉体の隅々までと連結されていると考えたため、心を利用すれば肉体の疾病も治療できると考えた。陽子医学とは、人体を構成する三つ、すなわち、目にみえる肉体を取り扱う医学を生医学（biomedicine）と言い、目に

みえない肉体を取り扱う医学を情報エネルギー医学（information-energy medicine）という。そして、心を取り扱う医学は心性医学（mind medicine）と呼びつつ、この三つの医学のうち、一つも疎かにしないように取り扱うのが統合医学としての陽子医学であるとした。彼の思考は東洋医学で人の構成要素を精、気、神として考えたことと同一な思考方式であるといえる。

(10) イ・クァンレ、キム・ソンヒ、イ・ギウォン『心、哲学として治療する』知と愛、2011年。

(11) キム・ジョンヒョン「哲学と心の治癒」（『哲学研究』115号、大韓哲学会、2010年、51〜68頁参照）。一方、キム・ソンヒの場合、哲学治癒の三つの軸として、自己認識、自己配慮、対話の重要性を強調している。キム・ソンヒ「哲学治癒のための序言」（『哲学研究』107号、127〜135頁参照）。

(12) イ・ジンナム「哲学相談に方法論は必要であろうか」『江源人文論叢』18号、2007年、231〜253頁参照。

(13) ルー・マリノフ著、イ・ジョンイン訳『哲学として心の病を治療する』ヘネム、2000年、13頁。

(14) キム・ジュヨン「文化セラピー産業「浮上」」『イコノミプラス』示唆マガジン、2010年。

(15) ホン・ヒョンソン「芸術として社会を治癒する」『UCNNEWS』、文化村ニュース（http://www.ucnnews.com）、2012年。

(16) John Welwood, *Toward a Psychology of Awakening*, Shambhala, 2000.

(17) ハン・ジャギョン『瞑想の哲学的基礎』梨花女子大学校出版部、2008年、239頁。

(18) ハン・ジャギョン、前掲、232頁。

(19) ケン・ウィルバー著、パク・ジョンスク訳『意識のスペクトラム』凡洋社、2006年、464頁。

(20) ハン・ジャギョン、前掲、18頁。

(21) Herbert Benson/Willam Proctor, *Relaxation Revolution-Enhancing Your Personal Health Through the Science and Genetics of Mind Body Healing*, Schribner: New York, 2010, pp. 54-71.

(22) ニューエイジとは、既存の西欧式価値と文化を排斥し、宗教・医学・哲学・天文学・環境・音楽などの領域で集積された発展を追求する新文化運動である。

(23) ここでいう「心の機能（mental faculty）」とは修行者が備えなければならない五つの徳目として、五根を指す。五根とは、信、精進、念、定、慧である。

(24) マインドフルネス修行の七つの利益に関する仔細な説明は、ウ・ザナカ・サヤド『ヴィパッサナー修行』84～95頁参照。マインドフルネス修行の七つの利益は、長部経典中の『大念處經』（DN, II. pp.290. 9-12）に次のように提示されている。"ekāyano ayaṃ, bhikkhave, maggo sattānaṃ visuddhiyā, sokapariddavānaṃ samatikkamāya, dukkhadomanassānaṃ atthagamāya, ñāyassa adhigamāya, nibbānassa sacchikiriyāya. yadidaṃ cattāro satipaṭṭhānā."

(25) 鎌田茂雄著、鄭舜日訳『中国仏教史』経書院、1985年、126～127頁。

(26) チョン・ヘジョン「韓国念仏禅の伝統と心の工夫論」（『教育哲学研究』33集2号、2012年、177～195頁参照）。

仏教と癒しの文化
——在宅ターミナルケアの現状——

田 中 善 紹

[要旨] 人生の終末は誰にでも訪れる。人生盛りの間は、なかなか死を自分の問題としてとらえることはないが、老病を自覚するか経験した人にとって、死は自分自身の重要な課題となってくる。死を迎えつつある人が求めるのは、体と心の癒しであろう。そこには、医療だけでなく宗教の出番がある。

わが国では、かつて僧侶は看取りの場で中心的存在であり、臨終行儀や看病に関する古い資料も残っている。現在においても、ターミナルケア、特に自宅で死を迎える在宅ターミナルケアは重要な課題である。そこで、当院における在宅ターミナルケアの現状と、我が国における在宅医療の状況を紹介したい。

筆者は僧侶であると同時に医師である。このような医師を中世より僧医と呼んでいた。今後、仏教と医療が和合し、かつて行われてきたようなターミナルケアでの仏教的看取りを現在でも行えないか、仏教と医療の両面に通じている僧医の立場から考えてみたい。

は じ め に

人生の終末は誰にでも訪れる。人生盛りの間は、なかなか死を自分の問題としてとらえることはできないが、老病を自覚するか経験すると、死は自分自身の重要な課題となってくる。死を迎えつつある人が求めるのは、体と心の癒しであろう。そこには、医療や介護だけでなく宗教の

出番がある。

　わが国では、臨終を迎えつつある人に対して行う儀礼や看病法につき、古くは仏教が大きな役割を果たしてきた。仏教看護や臨終行儀に関する資料も数多く残っている。

　現代では医療と仏教は分離した形であるが、歴史的に見ればお寺や僧侶が積極的に医療とかかわっており、死を迎える人への「癒し」に仏教が大きな役割を果たしてきたといえよう。

　本稿ではそのような歴史的背景を踏まえた上で、現在においてターミナルケア、特に自宅で死を迎える在宅ターミナルケアの現状を述べる。さらに、今後仏教と医療が和合し、かつて行われてきたようなターミナルケアでの宗教的癒しを、現在にも復活できないか考えてみたい。

1　ターミナルケアとは

　本稿では、すでにターミナル・ケアということばが一般化してきた結果、一つの単語として使用されて来ていることから「ターミナルケア」を使用することにする。

　ターミナルケアとは、「治癒を望めない状態の人に対し、死に向かって行く過程を理解した上で、単に医療を提供するだけでなく介護や看護を通じて、本人だけでなく家族を含めてより癒しのある人間的な生活を送っていただくこと」と思う。

　ケアとは何かということも問題だが、結局は医学的治療以外のすべてを指しており「お世話すること」が一番ふさわしいように思える。お世話する相手は、患者はもちろんだが家族を含めてかかわりをもつすべての人ということになろう。しかし、現在ではターミナルケアという言葉は医療行為を行う場合でも使われるようになっており、より幅の広い包括的な意味となってきている。

一方、緩和ケアということばの理解も必要である。世界保健機構（WHO）は2002年に「緩和ケアとは、生命を脅かす疾患による問題に直面している患者とその家族に対して、痛みやその他の身体的問題、心理社会的問題、スピリチュアルな問題を早期に発見し、的確なアセスメントと対処（治療・処置）を行うことによって、苦しみを予防し、和らげることで、クオリティ・オブ・ライフを改善するアプローチである」（NPO法人日本ホスピス緩和ケア協会訳）としている。

　緩和ケアといえば苦痛を取り除く治療のことを指しているように思われがちだが、実は苦痛除去だけでなくより幅広い意味で使われている。また、霊的問題として宗教についても言及していることに注意すべきである。

　原因が何であれ、結果的に死を迎えることになる人にとって、まず、取り除いて欲しいのは身体的苦痛である。疼痛の緩和に関しては種々の薬剤を使用することで、もがき苦しむという人はほとんど経験しなくなっている。また、高齢者に関してはもともと癌などによる疼痛も比較的少なく、軽い鎮痛剤でコントロールできる例が多い。

　医学的治療の発達で身体的苦痛はコントロールされるようになったが、死に向かう患者への心のケア、また、家族への心のケアについては宗教家も重要な役割を果たすべきであろう。医療と宗教との接点が多いターミナルケアの中において、仏教的ターミナルケアが現在においてもなされて良いように思う。

2　なぜ今在宅ターミナルケアか

　わが国の医療費の増大は、今後の経済発展や国家の財政収支の問題などと関連し大きな課題となっている。特に、高齢化社会が加速するわが国においては、このままでは医療費の増大に歯止めがかからないことは

目に見えており、高齢者医療にどう取り組むかが大きな課題となる。高齢者医療は必ずしも治癒を目的とせず、どう生活の質を高めていくかという視点が重要な場合が多い。そうした時に、終末を病院より自宅で過ごす方が、より生活の質を高め、癒しのある日々を送れるようになるのは明らかである。

ところが、わが国の在宅死は戦後次第に低下し1980年からは病院死の方が在宅死より多くなってきた。入院が普通となり病院死が増えたことが、医療費増大の一因ともなっている。そこで、国は在宅医療の充実を画策してきた結果、2010年ころからは在宅死も底打ちとなってきた。それでも15％程度で諸外国から比べても格段に低い。しかし、今後は政策の効果もあり、在宅ターミナルケアを受ける患者が増えてくることが予想される。

そうしたときに、高齢者との関わりが一番多いのは一般診療所であり、現在もそうであるが今後ますます一般診療所の役割が増えてくるものと思われる。日常の「かかりつけ医」として通っている診療所の医師が在宅医療の主役となってくる。また、高齢者は日常、お寺の僧侶との接点が多く、お寺は檀家のことにも精通していることから、高齢者の在宅ターミナルケアではお寺の僧侶にも重要な役割があるといえよう。

3　田中医院での在宅ターミナルケアの現状

田中医院は1995年4月に内科・呼吸器科を主な診療科として開業した。浄土宗西山禅林寺派光明院の境内に位置しており、仏教理念を背景にした医療を目指している。筆者は浄土宗西山禅林寺派光明院住職であると同時に医師でもある。このように医師である僧侶のことを僧医と言い、全国各地に数多くいる。

本来、お寺は地域の中で地域の人々とともに歩んできた歴史があり、

コミュニティの中心としての役割を担う必要がある。光明院では、すでに先代から宗教的情操教育の場を提供するため、境内に光明幼稚園を設置していた。お寺が昔、寺子屋という教育の場を提供していたことに通じる。今度は、お寺の中に診療所を作り、医療を通じて地域の人々とかかわっていきたいと思ったのである。実際、日常の診療の中で諸々の相談を受けたり悩みごとも聞き、仏教的生き方の観点からアドバイスすることも多い。また、当院通院中の方々や家族にもお寺の法話会などに出席いただいている。

　午前は診療、午後は檀家参りか往診、夜は夜診というのが筆者の日常生活である。日曜日はお寺の法要を行うことが多い。檀家の方々のご理解のお蔭で、法要は診療に影響のない時間帯にしていただいている。通院患者の急病に対しては、連絡方法をこまめに指示し留守番電話を利用することで対応できている。かなり忙しそうであるが、檀家数も120ほどと少なく、小規模であることから僧侶と医師（僧医）を両立できる状況にある。

　地域医療では在宅医療は必須という考えから、開院当初より在宅医療に対応している。当初は当院通院患者のみならず、在宅医療を希望する方をすべて受け入れていたため、多い時は20名ほどの在宅訪問診療を行っていた。しかし、2003年に筆者が病気で入院した後は、当院通院患者のみの受け入れとし、10名までの在宅訪問診療体制に制限している。

　在宅訪問診療を開始した患者数（表1）は在宅訪問診療開始日1995年4月〜2011年12月までの約17年間で100名あり、女性がやや多い。在宅訪問診療開始の年齢（図1）は63歳〜98歳（平均82.5歳）で80代が最も多く、高齢になるほど女性が多い傾向にある。60歳未満の在宅医療希望者はなかった。在宅訪問診療開始患者数は、年間平均6名（5.9名／1年）ほどとなる。平均在宅日数（訪問診療を始めてから終了するまでの

表1　田中医院の在宅訪問診療患者
（在宅訪問診療開始日1995年4月～2011年12月）

総数	100名　男性45名　女性55名
転帰	在宅死　44名　入院　45名　施設入所　5名 転医　1名　治療中　5名

在宅訪問診療患者の原疾患　（　）は在宅死患者

がん　　　　25名（16名）
脳血管障害　15名（ 4名）
呼吸不全　　14名（ 8名）
老衰　　　　13名（ 6名）
認知症　　　13名（ 5名）
その他※　　20名（ 5名）

※整形外科、精神科疾患など

図1　在宅訪問診療開始の年齢（平均82.5歳）

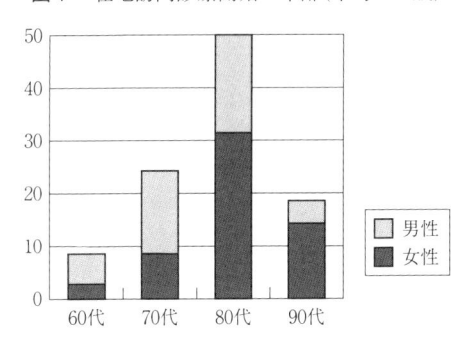

図2　在宅訪問診療を行った期間

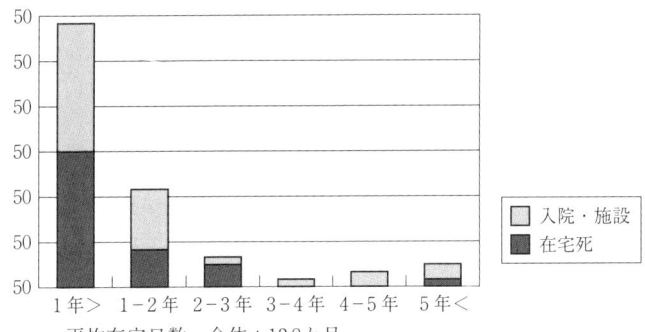

平均在宅日数　全体：13.8か月
　　　　　　（在宅死：10.5か月　入院・施設：16.8か月）

期間。図2）は13.8か月であり、だいたい1年であることから、1年間で新たに受け入れる在宅患者数が在宅訪問診療する患者数に近い数字となる。現在は年間6名ほどの受け入れ数で在宅患者は7名となっている。これくらいの人数であれば、寺の法務や日常診療を行いつつ、在宅医療にも十分対応できる。

4　田中医院での在宅での看取り

　日常診療の中で、筆者の大きなテーマの一つとして在宅での看取りがある。今まで、44名の方を在宅で看取ってきた（表1）。開業以来17年なので1年間で3名ほどとなり、在宅医療を行っている方の半数近くは自宅で臨終を迎えたことになる。2007年「在宅療養支援診療所の実態調査」でも同様で、在宅療養の患者の看取りの場所の約半数が自宅となっている。在宅で看取った方の平均在宅日数は10.5か月と、結局病院に入院したり施設に入所した方の16.8か月と比べると短い傾向にある（図2）。在宅死の多くは、がん、慢性呼吸不全や老衰などで（表1）これらは脳血管障害などから比べると病期が短い傾向にある。結局、自宅で看ることができる日数にある程度めどがつく場合は、家族も自宅で看取れるのではないかと思える。

　自宅での看取りは家族の負担は大きいが、それ以上に本人はもちろん家族にも安らぎを与える。自宅で患者さんを看取った場合、ほとんどの場合、つらい、苦しいといった過程はなく、非常に安らかな臨終を迎えられる。自宅で看取るのは大変そうに思えるが、介護保険制度の充実もあり、入院と同様の十分な医療を自宅で受けることができる。したがって、自宅での看取りを希望される場合は、こちらも無理なく応じている。

　自宅の看取りの意味はもう一つある。子どもが同居のおじいちゃんやおばあちゃんが亡くなっていく過程を実際に看ることである。これは非

常に大事なことで、理屈や教科書で学ぶのではなく、実際に自分の目で見る死の教育である。人間というのは年をとり、おしっこを垂れ、こうなって死んでいくということを目の当たりにすることが大事である。命を大事にしなければならないということを、口でいわなくても実際その場で感じてくれるのである。

ただ、この自宅での看取りを実際に行う上での障害はないとはいえない。まず、家族の理解がないとできない。自宅で看取ってあげたら良いと思っていても、実際上できない方もあり、自宅死がすべてとは思っていない。病院で亡くなることも決して悪いことではないが、自宅で亡くなることの良さは知っていただきたい。

以前勤めていた病院の外来患者に、アンケートを取ったことがある。細かい数字は忘れたが、終末を家で迎えたいか、それとも病院で迎えたいかという質問には多くの方が家と答えられた。では、実際にはどうなると思いますかという質問には、今度はほとんどの方が病院と答えられた。理由の中で一番多いのが家族に負担をかけたくないというものであった。

在宅医療は、現在では工夫すれば家族の負担も随分軽減される体制となってきている。病院でなくても十分なことはできるのだが、結局は家族の気持ち次第ということになろう。

5 我が国での在宅ターミナルケアの現状

2000年の介護保険制度の発足で、わが国の在宅医療の体制は大きく変化することになった。高齢者の増加を見据えたこの制度は、ある程度の成果を上げているものと思える。ケアマネージャーを中心とした医療・介護のプラン作成は、医師から介護プランに関する事務的負担を軽減し治療に専念できることができるようになった。また、ヘルパーや介護施

設関連の雇用を生み出す効果もあった。

　介護保険制度は基本的には在宅療養を充実させることで、入院患者を減らすことが目的の一つである。したがって、今後も在宅医療を拡大させる方向性にあることは明らかである。そのため、医療保険制度でも在宅療養支援診療所制度を設けるようになり、2012年からは在宅医療に特化した機能強化型の在宅療養支援診療所や病院への誘導が行われてきている。

　このような新しい制度も大事だが、在宅医療の中心である高齢者が希望しているのは、実はこのような在宅専門の医療機関ではなく、日常「かかりつけ医」として通っている診療所の医師が継続して在宅医療の主役となることである。

　今後、在宅医療、特に高齢者の在宅医療の整備を考えたとき、平均的な診療所がどのように在宅医療とかかわっていけるのかという観点からの議論が、残念ながら今まで十分にはなされていない。特殊なシステム作りをするより、より多くの診療所が無理のない範囲で在宅医療にかかわれる方法を考えることが今後大事になってくる。

6　仏教と医療の歴史

　わが国では中世より僧侶である医師を「僧医」と呼び、民衆のための医療の中心を担っていた。有名な奈良時代の鑑真和上もその一人で、仏教を中国から伝えただけでなく医学や薬草も一緒にもたらした。唐の最新の医学で、光明皇后の病を治療したともいわれている。

　この時代の僧侶は仏教の教義を学ぶため、五つの学問を勉強していた。五明と言い、内明、因明、声明、工巧明、医方明の五つである。この中で医方明というのが医学、薬学、看護学で、医学関係の勉強もしていた。内明は仏教学、因明は論理学、工巧明は建築、造仏、絵画や土木工

学、声明は仏教音楽のことである。昔の僧侶は橋やため池を作ったり、温泉を作ったりしている。お経を読むときにいろいろの節をつけるのが声明で、これをもとに和讃やご詠歌が生まれ、ひいては民謡や浄瑠璃と引き継がれてわが国の音楽文化が作られていくことになった。

　平安時代以降も、主に天皇を中心として官営の医療が提供され、典薬寮に属する官医が医療の中心であった。一方、医療を提供する僧医も民衆に医療を提供するようになり、また、看病を行う看病僧も現れるようになった。このように、中世における医師がすべて僧医であった訳ではないが、一般庶民にとっては医療を受ける大切な存在であったことは間違いない。

　平安時代末期から浄土思想が普及するにつれて、主に、極楽浄土への往生を願う臨終のための儀礼が、僧医や看病僧により行われていた。900年代の恵心僧都源信『往生要集』では臨終に際しての作法を表し、1200年代の良忠上人『看病用心鈔』では19ヵ条にわたり臨終看護について具体的に記述されている。

　それぞれの時代にお寺を中心とした医療や社会福祉事業を提供した僧医は数多くみられるが、安土桃山時代に西洋医学がとり入れられ、次第に医療と仏教は離れていくことになる。中世までの医学は、古い中国の医学書や『医心方』（丹波康頼、984年）をもとにした仏教医学や加持祈禱に頼っていたが、西洋文明から科学としての医学が入るようになり、西洋医学を学ぶ学問所が次々と出来てきた。その結果、医療は次第に仏教の手元から離れていくことになった。

　それでも、江戸時代は檀家制度のもと、終末医療はまだ僧医や看病僧が行っていたようだ。今でも人が亡くなったときは、僧侶が枕経をあげる。昔は「検僧詣り」とも言い、僧侶が死亡診断するために行っていたようだ。その死体に何らかの異状を認めたときは葬式を差し止めること

ができたともいわれている。

　明治時代に入り、神仏分離令により廃仏毀釈運動がおこり、仏教医療や看護は崩壊していくことになる。そして、1874年の医制により、臨終の場は僧侶ではなく西洋医学の教育を受けた医師が立ち会うようになり、僧侶の出番は完全になくなっていく。

　一方、昔は疫病の流行は日常茶飯事であり、その平定を祈願しての薬師如来信仰は中世において仏教の主流でもあった。593年に大阪の四天王寺を聖徳太子が建てたとき、そこに四個院という四つの施設をつくっている。施薬院、療病院、悲田院、敬田院の四施設である。施薬院は薬草園・薬局で、ここで薬草を作り庶民に与えていた。療病院は身寄りのない病人を収容する病院で、京都府立医科大学の前身の療病院という言葉はここに由来している。悲田院は身寄りのない人のための社会福祉施設で、身寄りのないお年寄りや子どもを収容し世話をしていた。敬田院というのがお寺である。大陸から仏教が入った時点で、聖徳太子はこれだけの施設を作っていた。

　このように、歴史的にも仏教と医療というのは非常にかかわり合いが深いのである。

7　仏教での看取り――臨終行儀――

　当宗派本山の永観堂には、国宝の山越阿弥陀図がある。臨終に際して西方極楽浄土から西の山を越えて、観音菩薩、勢至菩薩を両脇に阿弥陀如来が迎えに来られる図である。では、なぜこういう山越しの阿弥陀図があり、どういうことに使われていたのであろう。一説では、枕もとに屏風のように立て、亡くなりつつある方の手とこの阿弥陀仏の手を五色の糸（御手糸）でつなぎ、僧医や看病僧とともに看取られる臨終行儀に使われていたようである。

筆者もこのような臨終行儀を、実際に自分の患者さんでも行ったことがある。亡くなりつつある方の手に五色の糸をつなぎ、家のお仏壇の阿弥陀仏と手をつなぎ合わせ、それをずっとつないだままで安らかに臨終を迎えていただいた。
　臨終を迎える時に昔行われていた臨終儀礼だが、現代でもこういう儀礼があって良いのかもしれない。亡くなって葬儀になってからが僧侶の出番ではなく、患者さんが不安をかかえ救いを求めている段階にはすでに僧侶が関係し、昔行われていたように心の支えとなりながら臨終を迎えていただくことも必要であろう。
　現在の葬送儀礼からすれば、枕経、通夜、葬儀・告別式から始まり、中陰お逮夜から納骨へと続く期間がある。これらの法要の期間は遺族にとって心の整理が行える大事な時間であり、その間の一つ一つの儀礼や僧侶からの法話により遺族の心も癒されていく。心理学的にも大事な期間といえよう。しかし、臨終儀礼を亡くなる前に行うことで、遺族だけでなく亡くなっていく方も心が癒されることも大事ではないだろうか。

ま と め

　私が往診をしているほとんどの家にはお仏壇があり、日常の生活の中に仏教が根付いていることを見るにつけ、僧侶の役割は大きいと思っている。
　ターミナルケアにおいて宗教的サポートが必要なことは明らかである。今まで、死ぬまでは医師、死んだ後は僧侶としてきた構図を、そろそろ変えていかねばならない時期に来ているのではないか。
　僧侶の立場からすれば、病院や自宅で亡くなる前に仏教的アプローチを行い、心の安心を得ていただくことが必要であろう。そのためには、亡くなった後の儀礼については各宗派とも確立しているものの、臨終を

迎えつつある方への儀礼を現代でも復活させて良いのではないかと思っている。儀礼を行うことは、「心のリセット」を行うために重要なものである。キリスト教では臨終を迎えるにあたっての儀礼がある。仏教においても、中世に行われていたような五色の御手糸で阿弥陀仏と手をつなぐような儀礼が、現代でも行えないだろうか。

　医師の立場からすれば、患者や家族への心のケアを僧侶が担うことで、終末期医療の強い味方となる。本来、医療は治療を行い治癒することを目的としてきたが、実はターミナルケアのように終末期特有の治癒を目的とはしない終末期医療というべき分野が、今後はますます必要になって来るであろう。

　本稿が医療、介護や仏教分野でターミナルケアに取り組む方々の参考になり、新しい形の現代仏教ターミナルケアが生まれるきかっけになれば幸いである。

【注釈】

在　　　　宅：医療上は自宅だけでなく老人ホームや施設を含む。当院の場合は、無床診療所であり入所施設もないことから、自宅だけとなる。

在宅訪問診療：居宅で療養を行っている患者で、通院による療養が困難な場合に、計画的な医学管理の下に定期的な訪問をして診療を行うこと。ほとんどの場合は自宅である。

往　　　　診：定期的ではなく、患者や家族の求めに応じて、その都度、患者の家におもむき診療を行うこと。

病める社会の診断とその治療

柳　聖　泰

[要旨]　治療もしくは治癒という用語は今まで医学分野で使われてきた。しかし、今日には治療用語が社会全般に流行しつつ学際間研究でも自然に使われている。このような治癒に対する関心の高まりにともない人文科学の宗教、哲学、心理学の分野でも治癒関連の学術会議が頻繁に開催されている。

　圓佛教は宗教の救援的使命として人類が経験している病理現象を社会的側面と個人的側面で診断している。まず社会の病は「波蘭苦海」の現象ためである。少太山大宗師は「開教の動機」で、科学文明が発達するに際して物質を使うべき人間の精神が衰弱し、むしろ物質の勢力は隆盛して社会が物質の奴隷生活から免れられない状態を「波蘭苦海」といった。個人の病の原因について少太山は「心の乱」のためであるとした。彼は社会と国家の戦争もその原因を尋ねてみれば個人の「心の乱」がその発端になると言い、心の病を治癒すべきであるといった。

　したがって、社会救援の次元で少太山は病める社会の実相を見、物質文明の澎湃による利己主義的な社会構造から自利利他の社会に転換することを主張し、それにいたる方法が社会仏供であるといった。そして社会仏供の道として、天地、父母、同胞、法律という「四恩」に報恩することを教えている。その中でも、「四恩」の同胞恩の中で、自利利他の道を実行すべきであると強調している。

序　言

　最近のように「治癒」という用語が頻繁に登場した時代はなかった。この世で生きていくことが複雑になり、難しくなったためであろう。ただ、心の治癒をめぐる議論が人間と社会の病理現象を完全に治癒するとは期待しない。そうであるとしても、心の治癒について患者の個人のみならず、社会環境の全体に対して問題を提起することは重要であろう[1]。このような両者の関係は本研究の基本的な構造の枠となり、治癒問題の焦点となるのである。

　治癒の問題はほとんど医療界で取り扱われてきたが、最近にいたって宗教と哲学、心理学などの学術領域でも治癒について感心が高まっており、これは望ましいことであると考える。「霊性治癒」という用語が流行しているのは、宗教界が治癒問題に積極的に関わっているという信号とも見られる。「瞑想」治癒もよく現代人の話題に上っている。瞑想治療の療法は現代人の苦痛を克服するにおいて効力を発しており、これは近代化の副作用に対する治療剤として検討されている[2]。近年、霊性と瞑想は普遍化し、現代人のストレス解消や苦痛の治癒方法として注目を集めている。それは物質を重視する産業社会に現れる副作用として、人間疎外、生存競争によって生活の質が低下するなど、現代社会であらわれるさまざまな問題を治癒し得る心身治療の療法として認知されているためである。

　現在、治癒の問題を宗教の役割からみれば、すぐにでも取り組むべき問題であると考える。宗教の機能には社会支持の機能と人格成熟の機能[3]があるという点で、宗教の役割がまた注目されているためである。

　韓国の代表的な新宗教では個人と社会の治癒問題を開教の名義として立てた。まず、東学の教祖である水雲（崔済愚：1823〜1864）の後天

開闢論があり、甑山教の教祖である甑山（姜一淳：1871～1909）の解冤相生論、また、圓佛教の精神開闢論などがそれである。崔水雲と姜甑山の思想は仏教の来法と龍華会上、キリスト教の終末とメシア思想、韓国固有の南朝鮮信仰、運道説などの影響を受けている。また、1800年代の初期に発生した、いわゆる「大病劫」は彼らの思想と結びつき、活き難い現実を否定し、未来の楽土（仙境）を描くメシア的救援論として展開されたのである。

同じ脈絡で、圓佛教教祖の少太山（朴重彬：1891～1943）は現代社会が、物質文明は拡大する反面、精神の勢力はむしろ衰弱するという価値転倒の現象に直面していることを深刻な問題として認識した。少太山は25歳の1916年に大覚を得て圓佛教を開教し、精神開闢を宣布したが、これは崔水雲の後天開闢や姜甑山の解冤相生と類似な脈絡を堅持していることが分かる。このように、韓国の新宗教は一様に社会の病脈を指摘すると同時に、伝統宗教の革新と社会救援を開教の名分にした。

その中でも、東学は儒教を革新した性格が濃く、また、甑山教は道教の革新性をあらわす。それに対して少太山の場合は儒・仏・道の三教を統合しつつも、その中でもとくに仏教を革新して、個人と社会の治癒に関して多くの言及をしている。韓国の新宗教はほとんどが時代を救援するというスローガンをとっていた。少太山は、生活仏教を標榜しつつ、新たな時代を先導する主な課題が「精神開闢」にあるとみた。そこで少太山は「物質は開闢される、精神を開闢しよう」というスローガンをもって「開教の動機」とした。当時の資本主義が持つ矛盾と、これを媒介とする帝国主義の植民地支配とによる民衆の苦難克服のために精神開闢という論理を展開したのである。精神開闢は「波瀾苦海」である現実を克服する方法であると同時に後天開闢の歴史認識に基づいた人類史の新たな時代展望でもあった。つまり、少太山は自分が生きていた時代の

病脈を「波瀾苦海」であると規定し、後天開闢の新たな宗教が提示する精神開闢を通じてこの世は救援され、治癒されるといったのである。

したがって、この時代的な病弊と関連して個人と社会の病症をうかがうことによって、それに適合する治癒論を抽出することは、圓佛教の救援観（楽園建設）とかみ合うことであり、その期待効果が大きいと思う。とくに、開教100周年（2016年）を前にして、楽園建設をもたらす未来への方向の見当をつけられると考える。それは現代社会の病脈を診断し、治癒方案を模索することによって可能であると思う。

そこで、本稿では、少太山の「開教の動機」という大きな枠の中で現代社会の病脈を個人と社会の側面で診断し、その治癒論を模索したい。現代の懸案として浮かび上がる社会治癒論と個人治癒論について圓佛教の教義を通じて模索してみたい。とくに、圓佛教が開教100周年を迎えている時点で、教団の楽園建設という未来の目標を実現するためにもこの方向の提示は有益であろう。

1　現代社会の病脈診断

（1）　波瀾苦海と病める社会

現代社会の病脈を診断する対象としては個人的側面と社会的側面という二つがある。まず、社会的な側面はまた二つの道から接近できる。一つは近代科学文明の発達によって物質を重視する、いわゆる価値が転倒された社会をもってであり、もう一つは社会の共益精神がなくなり、利己主義が漫然する社会をもってである。前者について少太山は『正典』の「開教の動機」の中で「波瀾苦海」と言い、後者については『正典』の「病める社会とその治療法」の中で「病める社会」であるとした。もちろん、「開教の動機」の中には波瀾苦海と病める社会を合わせた面もあるが、これを区別して社会の病脈をこのような両面として診断し得る[6]

ということである。

　さて、この二つの側面に焦点を当て、社会の病脈について診断して見ることにする。

　第一、『正典』の「開教の動機」を通じて接近してみよう。少太山は次のようにいっている。

> 今日、科学文明が発達するにともない、物質を使用すべき人間の精神は次第に衰弱し、人間の使用すべき物質の勢力は日増しに栄え、衰弱したその精神は物質の支配に屈服することによって、すべての人びとはかえって物質の奴婢生活を免れないようになった。
> そうした生活に、どうして波瀾苦海がなかろうか。それゆえに、真理的宗教の信仰と事実的道徳の訓練により精神の勢力を拡張して、物質の勢力を屈服させ、波瀾苦海にあえぐいっさいの生霊を広大無量な楽園に導こうとするのが、本教を開いた動機である。[7]

　物質価値が精神価値を圧倒する価値転倒の社会を少太山は「波瀾苦海」であるとみなした。苦海の実相としての物質価値と精神価値が転倒した理由について少太山は「開教の動機」で明らかにしている。それは科学文明が発達するにつれて物質を先導しなければならない人間の精神は衰弱し、人が使うべき物質の勢力はむしろ強くなったということである。少太山は「衰弱したその精神は、物質の支配に屈服することによって、すべての人びとはかえって物質の奴婢生活を免れないようになった。そうした生活に、どうして波瀾苦海がなかろうか」[8]と説いた。彼のいう波瀾苦海は、物質に支配される社会の実相なのである。

　精神文明に対して相対的に突然浮かび上がった物質文明は近代化の流れによるものである。19世紀に韓国の新宗教ではいわゆる「先天と後天

の交替期」の概念を提示しており、あらたな天地開闢が起こるとした。このような先天と後天の過渡期的な解体現象として物質文明の急速な発達が現れたのであり、少太山はこれが先天と後天が交替する時期にあらわれる「文明の病み」として認識した。そして、その病弊から離れるために少太山は「物質は開闢される、精神を開闢しよう」という標語を唱えた。物質の価値が精神の価値に先立つという波瀾苦海の価値転倒の実相を治癒せずに、社会の救援はありえないと認識したのである。

物質文明の勢力が精神世界を圧倒する状況において、利己主義が拡散する社会は深刻な弊害を持つまま、反目と葛藤が突出せざるを得なかった。「開教の動機」に語っているように現実は波瀾苦海として説明されており、その原因は物質文明の発達によって人間性が喪失された故である。そして、このように人間精神が転倒された現象がそのまま社会問題として現れる(9)。波瀾苦海は物質価値を好むことによって現れた奴隷生活であり、物質病弊の波瀾苦海から離れようとする努力が必要になる。

第二、「病める社会とその治療法」を通じて考えてみる。少太山は次のように語っている。

> 人間はやまいにかかってなおさないと、不具者にも、廃人にもなり、はなはだしくは、死にいたることもあろう。これと同じく、社会も、やまいにかかっているのに、指導者は、それを知らないか、たとえ知っていても、なおす誠意がなかったりして、月日が長引けば、その社会は、不完全な社会になるか、あるいは腐敗した社会にもなり、はなはだしいと、破滅してしまうこともあろう。社会がやまいにおかされる原因のあらましをあげていうならば、各自が互いに、自分のあやまちはしらないで、他人のあやまちだけをあばき出すことであり、または、不当な依頼生活をすることであり、あるいは、指導

をうける立場で、正当な指導をまじめに受けないことであり、または、指導すべき立場で、正しく指導教化することを知らないことであり、または、善はほめたたえ、悪はあわれみ、利益は他人にゆずり、損害は自分が引き受け、楽は人にゆずり、苦は自分のものにするような公益心がないためである。このような病気を治療するとすれば、まず、自分のあやまちを、つねにかえりみることであり、不当な依頼生活をせず、指導を受ける立場では、正当な指導をすなおに受け入れ、指導する立場では、正当な指導によって人をよく教化し、自利主義を捨て、利他主義で生きてゆくならば、病気はおのずと治療され、同時に、健全で平和な社会になるであろう。[10]

少太山は社会に病気が蔓延した状態を「病める社会」であるとした。彼は、人が病になると廃人となり、または死にいたると言い、社会もやまいになると苦痛の世界になるので、この病める社会をそのまま放置すると、社会の病脈はさらに深刻になると見た。病める社会の姿としては「不完全な社会、腐敗した社会、破滅の社会」と述べている。病める社会の放置はすなわち、不完全な社会から結局は破滅の社会へ転落してしまうであろうことを明かしつつ、病める社会の治癒が切実であることを喚起させている。

少太山はまた、病める社会の実相をいくつかの事例をあげて説明している。それは、互いに自分の誤りは知らず、他人の誤りだけを咎めようとする病であり、不当な依存生活をする病であり、指導を受けるところで正当な指導を受けない病であり、指導すべきところで正当な指導として教化し得ない病であるとした。また、善者を称えず、悪者を可哀想に思わない病であり、利益になることを他人にあげず、有害なことを自分が承らぬ病であり、安楽なことを他人にあげず、自分は苦しむことを受

け取らない病、つまり共益心がない病であるとした。

　多様な側面で明かした病める社会の原因について圓佛教の教学者たちは次のように整理している。まず、キン・スンインによると、自他の分離をなさない利他主義的な社会性から目をそらした利己的な行為と無明の社会がさまざまな病理現象を誘発したためであるとした[11]。また、リュウ・ビョンドクは、社会指導者の役割不足のためではないかといっている[12]。言い換えれば、社会の集団利己主義および社会指導者の指導力の欠如がその原因ではないかということである。

　ところで、病める社会の実相を少太山の当時に限定された社会の矛盾の如くみなしてはならない。少太山が出現した時期の前後は末世的な社会状況であり、同時に時代的には転換の渦に巻き込まれていた時代であったためである[13]。先天と後天の交替期として認識される社会相と近代化によって物質文明を重視する社会相がかみあって社会の病脈を加重させたと考えられる。ここに少太山が提示した「開教の動機」と「病める社会とその治療法」は、前で言及した社会の病脈をそのまま放置する場合、のちのち実際の病気として社会にあらわれると診断し、その病脈を持続的に治癒していくべきであるという、聖者としての救援意思を表出したものである。

（2） 心の乱と病

　現代社会の病脈を診断するにおいて、個人的な側面も見逃せない。個人も社会の一部であり、それによって波瀾苦海と病める社会のなかで生きていく我らの苦痛も少なくないためである。では、個人が経験する苦痛とは何であろうか。社会的な原因もあるだろうが、根本的な原因は内部的であると考えられる。言い換えれば、苦痛の原因は心から探さなければならないということであり、少太山はそれを「心の乱」であると表

現した。「心の国はもとより穏全・安楽であり、光明・清浄なのであるが、私欲の魔軍に追従して暗黒になり、混濁されて物騒になってしまった。そして、限りない世間に、平穏な日をみることがむずかしくなったので、このような衆生の生きる様子を心の乱といったのである」[14]と語っている。彼がいっているように、我らに苦痛を与えるこの「心の乱」は自分の内面の邪念、妄想などによって現れるということである。

したがって、我らの「心の乱」はすべての騒ぎの根源となる。そこで、すべての苦痛は根本的に自分の心から始まるということを見過ごしてはならない。しかし、多くの人たちは苦痛の根源が自分の心から始まるという事実を知らない場合が多い。ここで、少太山は「世間では、心の乱は争いだと思わないのであるが、これは、その本来を知っていないからである。個人、家庭、社会、国家の大小あらゆる戦争も、その根本を追求してみれば、みな心の乱によって始まる」[15]とした。彼によれば、「心の乱」によって衆生は平穏な日々をすごすことがむずかしくなったのである。したがって、「心の乱」を平定することはこの世の平和と繋がることであり、魔軍を降伏させる大元帥にならなければならないという当為性を明かしているのである。

心の国で起こる心の乱は、言い換えれば我々各自の「心の病気」であるといえる。一般的に心の病気には次の二つの類型がある[16]。第一の心の病気は先天性鬱病、躁病の症状、強迫症、パラノイアなどのように脳の物理的な欠陥や機能的な障害によって発症するものであり、これは薬物による治療が求められる病気である。第二の心の病気は、神経、生理的な原因ではなく、自我、社会、人生、価値などと関連した原因から発症するものであり、このような病は哲学的・宗教的な病であるといえる。

少太山の指摘している心の病気とはもちろん後者を指す。ただし、少太山は当時の西洋医療を認識しながらも、心の病において病院の精神科

で治療すべきものと、宗教で治療すべきものを区分せず、総合的に認識しつつ人間の心の病について説明している。

　少太山はある日、禅院の結制式で大衆を向かって次のように説いた。「みなさんの禅院に入るのは、ちょうど患者が入院をするのと同じく、人間の身体に病が生じれば、病院の薬で治療し、心に病が生じれば、宗教家（道家）の道徳をもって治療する。（中略）しかし、人びとは身体の病は病気だと認め、時間と金銭を消費して治療に努めるが、心のやまいは病気だと悟らないで、なおそうともしない。（中略）身体の病はいくら重くても、その苦痛は一生きりで終わるだろうし、軽ければ短期間によく、なおすこともできようが、心の病はそのまま放置すれば、永劫にわたり罪苦の種子になるのである」[17]

　世の中の人たちは肉体の病気は病気として知っているので、それを治療しようとするが、心の病気は病気であることすら知らず、治療する必要性も感じないということである。また、心の病があれば、心の自由を失い、外の境界に誘惑され、罪苦に落ちるのであり、そこからの回復を期することもできないということである。そこで少太山は、「諸君は、この禅院生活の中で心の病をよく診断して、誠意を尽くして治療してみなさい」[18]と呼びかけている。

　とくに、少太山が肉体の病は病院で治療し、心の病は宗教で治療すべきであるとしたのは、過去に一部の宗教が治病を重視しつつも、神秘的な奇跡を求めることがあったからで、そのような弊害を克服しようとしたのである。我々人間における病を肉体の病と心の病のように区分することによって、肉体の病はその担当が医者であるので病院に行くべきで

あり、少太山自身は心の病を治療する専門家であるから、それについて問い合わせるべきであると明かしていることをみれば、彼が当時の現代医学についても認知しつつ受容していることが分かる。[19]

これは圓佛教治癒論の特徴であるといえる。すなわち、圓佛教が出現した目的は仏教の革新を通じて、過去の不合理で、非事実的な面から離れて真理的な信仰と事実的な訓練を強調したことにある。このような少太山の革新観は「真理的宗教の信仰と事実的道徳の訓練」という表現として具体化された。

本節で取り扱ったように、現代社会の病脈を正確に診断し、世界の人たちを救援しようとする、いわゆる「済生医世」の使命は病める社会を治療すると同時に個人の心の病を治療することであることが分かる。そこで、圓佛教の救援論においても病める社会の治癒が急務であり、社会を構成する一人一人の心病の治療も急がなければならぬ問題である。治癒の使命はすなわち少太山が圓佛教を開教した動機の実現であるという事実を忘れてはならない。

2　自利利他と社会仏供

前節で波瀾苦海の病める社会と治癒の問題が現代社会の深刻な問題であることを確認した。そこで、本節では圓佛教の教理に根拠を置きながら社会治癒論について考えてみたい。

波瀾苦海の病める社会を治癒し得る圓佛教の教理的根拠は「四恩」と「四要」に求めるべきである。まず、少太山は「先病者医」と表現している。つまり、先に病んだ者が医者であるとしながら、我々が共に世界を観察して病める世界の治療に努力すべきであるとした。次いで、少太山は治療の方法として「四恩」と「四要」を提示している。[20]すなわち、病める社会の病脈は、無限な恩の実在である「四恩」の利他的な報恩に

よって治療可能であるとみており、また均等な社会を志向する「四要」の社会仏供（社会供養）によっても治療可能であるとみているのである。この二つの側面について考えてみよう。

　一つ目は「四恩」の報恩に関連して病める社会を治癒する道である。「四恩」とは、天地恩、父母恩、同胞恩、法律恩であり、少太山が悟った「一圓相」の真理が現実を通じて顕現することを意味する。圓佛教では信仰の対象を「法身仏四恩（ポブシンブル　サウン）」といっており、宇宙のすべての生命体においてそれがなければ生きていけないという関係を説明する。「これがなければ生きられない」ということから相生の「絶対恩」であるといっており、圓佛教ではこの「四恩」の無限な恩恵に報いることによって病める社会の治癒ができると見る。

　このような「四恩」は無限な恩恵の徳相として絶対恩の本質であるべきであり、条件的であり相対的である恩恵の次元にとどまってはならない(21)。個人であれ、社会であれ、互いになければ生きられない絶対恩の関係であるので、このような関係を有機体として認知しつつ、相互相生的に報恩する生活が病める社会を治癒する道になるのである。波瀾苦海は、とくに物質文明を重視する価値転倒社会の実相であるので、物質文明の利器による価値転倒の利己主義の社会を釣り合いの取れた社会に変化させる必要があり、それが実現するにつれて霊（精神）と肉（体）が調和した恵み深い社会を作っていこうとするのである。

　「四恩」には前にも述べたように4つの項目がある。我々は「天地恩」の施す「無念布施」によって生きているのであり、また「父母恩」の施す「生命のプレゼント」によって生きているのである。さらに、「同胞恩」の施す「自利利他の精神」によって生きているのであり、「法律恩」の施す「正義」によって生きているのである。このような恩恵に報いることを「報恩の道」といっている。「四恩」の「報恩の道」とは、

天地恩における「応用無念の道」、父母恩における「無自力者保護の道」、同胞恩における「自利利他の道」、法律恩における「正義の道」である。この４つの道に基づいてこの世に徳を施すべきである。このような「四恩」における４つの道を社会で行えば、それが物質文明を中心として価値が転倒した波瀾苦海の病める社会を治癒し得る薬剤になるのである。

　その「四恩」の中では、とくに「同胞恩」で明かす「自利利他の道」に注目すべきである。自利利他は一般的に自利を中心とする利他であり、「わたしも利益を得て、あなたも利益を得る」という意味を持つ。だが、圓佛教の「同胞恩」はここから一歩進んで、自利よりは利他を重視する利他優先主義の立場をみせる。つまり、少太山は、「自利主義を捨て、利他主義で生きてゆくならば、病気はおのずと治療され、同時に、健全で平和な社会になるであろう」といったのである。

　圓佛教では「同胞恩」の範疇を「士農工商」に分類しながら、彼らが利他を中心として自利利他の精神として生きていくならば、社会の葛藤や反目は克服されると見る。さらに、圓佛教の「同胞恩」で明かしているように、利他を自利とする社会的な関係であれば、物質価値を重視する利己主義が蔓延した現代の病める社会の治癒も可能であろう。

　仏教の菩薩精神もこのような利他を自利にすることであると分かる。利己主義が蔓延した現代社会で他人の利益を自分の利益として考えつつ、それを実践するということは菩薩行であるといえるためである。仏教の倫理は縁起の理法に相依相資している関係を悟ることにあり、一切の衆生に自利よりも利他の重要性を認識させている。他人の幸福が自分の幸福であることを知り、それに報恩しつつ生きていく姿勢が、世俗で菩薩道を実現する仏さまの教えなのである。

　二つ目に「四要」の社会仏供（社会供養）と関連して病める社会を治癒する道について考えてみよう。「四要」とは、自力養成、知者本位、

他子女教育、公道者崇拝の四つであり、これは社会仏供とみなされる。圓佛教に「四要」が登場する背景には、旧韓末の社会不平等という葛藤構造と関連があり、それは当時の韓国新宗教で主張しているように、朝鮮社会の封建的な身分制度を倒そうとする時代的な流れと脈絡を共にしている。圓佛教は当時の身分の差別を始めとする社会的な矛盾に注目し、その解法として「四要」を提示したのである。少太山の明かしている「四要」は、当時の代表的な新宗教の教祖である崔水雲と姜甑山によって展開された民衆宗教の性向とも関連がある(25)。

　「四要」は社会が持っている時弊を治癒する仏供法として「四恩」と共に圓佛教の信仰門に属する教理的な位相を持つ。つまり、自力養成、知者本位、他子女教育、公道者崇拝を通じて社会がもっている時弊を治癒し得る社会仏供なのである。これを社会仏供といえるのは、「四要」がさまざまな差別によって起こる社会の不平等を改善させ、平等な社会を志向しようとする仏供であるためである。無自力な社会、学びを求めない社会、教えを求めない社会、公益心のない社会を克服することによって平等な社会ができあがるまで積極的に仏供しよう、ということである。

　周知のように、少太山は不平等の構造によって差別が蔓延した社会を「病める社会」と規定し、その病脈を６つの例で示している。それは、お金の病、怨望の病、依存の病、学びを求めない病、教えを求めない病、共益心のない病である(26)。このような病める社会の治癒法は、各病ごとに合う社会仏供法をもって治癒するのである。たとえば、「自力養成」は依存の病を治癒し、「知者本位」は学びを求めない病を治癒する。「他子女教育」は教えを求めない病を治癒し、「公道者崇拝」は共益心のない病を治癒するというのである。少太山が指摘した社会の６つの病は、大体「四要」の実践をもって治癒可能である。

物質の価値による利己主義的な社会病理においては「四恩」をもって治療し、また、差別によって苦痛を受ける不平等な社会においては社会仏供である「四要」をもって治療するということは、均等な社会へ向かう問題の解決方案であるという点で意義が大きいだろう。とくに、社会時弊の解法としての「四要」は特定の時代にとどまらないということに注目すべきである。相変わらず社会は無自力者が急増しており、学びを求めない病が生じている。また、他人を教える心の余裕も起こらず、自分の利益のみを重視し、公衆のための奉仕心が次第に減っていくのが現実の問題として残っている事実に注視しなければならない。(27)

　今日、「四恩」と「四要」が重視されるべき理由は、物質を主とする病める社会、または過去志向の時弊が残っている不平等の社会が持続する状況のためである。それによって、自利利他の精神と社会仏供がさらに要請されるのであり、それは圓佛教の信仰心に基づいた報恩および仏供の行為としての社会的な役割が重視されるという意味である。

3　「心の修養」（マウムコンブ）と治癒

　社会全般の治癒問題に劣らず個人の治癒問題も圓佛教の救援論で解決すべき重要な課題である。少太山が明かしているように、個人の心の乱と病の問題を深刻に認知した上で、教理を根拠としてこの問題への治癒論を考えてみよう。

　圓佛教の教綱は「四恩」「四要」と「三学」「八条」である。前節で取り扱った自利利他と社会仏供が「四恩」「四要」に根拠したことであれば、本節でいう「心の修養」は「三学」「八条」を根拠としたものである。(28) 少太山は世界の心の病を治療することによって仏菩薩になる道は、「修養の要道」である「三学」と「八条」にあると言いつつ、「この法が広くひろまれば、世間はおのずから欠陥のない圓満な世間になり、人び

とはみな、仏菩薩になるであろうし、男女・老少はもろ共に、楽園生活をするようになるであろう」と説いている。[29]

　心の乱を経験している無明衆生の苦痛から離れて楽園を受容し得る仏菩薩への道は、このような三学修行に繋がっている。圓佛教ではこの三学修行を「心の修養」という。ここで我らはなぜ「心の修養」をしなければならないのかについて考えるべきである。それは、三学（精神修養・事理研究・作業取捨）の修行を通じて、内面から誘発する「邪念妄想」という心の病を治癒することによって、心の安定を追求し得るためである。つまり、精神修養を通じて心を穏全にし、安らかにするのである。事理研究を通じては心を明らかにし、作業取捨を通じては心を清かにすることによって心の乱を平定するのである。[30]　このように心の乱を平定することは、心の修養の必要性に繋がるのである。

　また、心の修養をする理由は、外面の財色名利という誘惑の境界に当たって、「穏全な心で取捨」するためである。少太山が涅槃したのち、宗統を継承した一番弟子である鼎山（ジョンサン）（宋奎（ソンギュ）：1900〜1962）は「松竹の価値を霜雪があらわすように、修養する人の価値は逆境からあらわれる」といった。また、「国家で軍人を養成するのは有事の際に使おうとするためであり、道人が心の修養をするのは逆境に当たって心の実力を活用するためである」といっている。[31]　このように心の修養は逆境に当たって心の実力を活用するためであると考えられる。

　そうすると、心の修養はどのように行われるのか。それは『正典』の「修行編」に明かされているように、三学を並進すべきであり、とくに「精神修養」を中心に修めるべきである。圓佛教の精神修養の科目として念仏と坐禅がある。念仏は心を無為安楽に戻し、坐禅は体と心が一途に成し、精神の気運を爽やかにする修養であるという意味を持つ。[32]　このように念仏と坐禅という精神修養は汚染されない清らかな心を保有しよ

うという意味である。清らかな心、すなわち自性を回復することによって心の病を治癒する心の修養こそ、精神修養の目的と添うものである。

　心の修養をする心持ちもまた注目すべきである。日常的な生活にて、まるで農夫が田畑で雑草を抜き取る時と同じ心持ちをしなければならない。農夫が雑草をうまく抜き取ることによって豊かな穀物の収穫ができるように、修行人も心田の邪心という雑草を抜き取ることによって自性を回復し得るということである。少太山は次のように説いている。

　　われわれの心をしばしばかえりみなければ、雑念が起こるからである。これはちょうど、道場を寸時でもかえりみなければ、いつの間にか雑草がはびこるのと異ならない。心の修行と草取り作業とは、その意味が相通ずることを了解させ、除草をさせて道場と心田をともに浄化させよというのである(33)。

　朴吉真(パクキルチン)はこのような少太山の説明について「どのような分野で何をしても心の修養はその所々の仕事の中で継続しなければなるまい」(34)とした。我々各自が職場で仕事をするその瞬間と瞬間の間に心の作用を正しく対照しなければ、心の乱に落ちて心の病となり、苦痛を受けるということである。このように心の動きをうかがう修養は「日記法」の「有無念対照」(35)を通じても展開する。

　したがって、心の修養はすべての修行の根本として我々の心身を操る宝であるといわざるを得ない。少太山は、昔の聖人の法語を引用して「三日にわたる心の修道は千年の宝であり、百年にわたりむさぼって得た物は一朝のちりである」と言いつつ、「凡夫はこのような道理を悟らないから肉身だけを重んじ少しも心をみきわめないが、修道者はこのような道理を悟っているから、心をさがしもとめるために身を忘れるので

ある(36)」といっている。凡夫と仏菩薩との差異は心の修養いかんによっているということである。

　結局、少太山は凡夫と衆生の差異を自分の心の使用法に関連づけているのだが、それは心の状態が世界の平和と苦痛を決める根本となるためである。「たとえ、絢爛たる物質文明が世に展開されたとしても、もっぱら、心の用い方の操縦いかんによってこの世をよくもし、わるくもするのである(37)」と説いている。次いで彼は、せっせと「用心法」を学び、すべてのことを善用し得る「心の操縦者」になることを頼んでいる。

　今日、圓佛教にて比較的に活力をもって展開されている「心の修養」プログラムがいくつかある。たとえば、「正典、心の修養(38)」「幸福家族キャンプ(39)」「環境運動と心の修養(40)」などのプログラムがそれであり、これらの活動を通じてみれば、圓佛教の「心の修養」は圓佛教の信者のみならず、一般大衆を対象にしても広く普遍化している。とくに、権道甲(クォンドガプ)が指導する家族中心の「心の修養」プログラムは大衆媒体であるマスコミを通じて活発に展開しているのであり、「自分がすなわち仏様」ということを強調することによって外境と内境を分離し、内境を中心とする修行を強調している。上に言及した「心の修養(41)」プログラムは、自分の周辺の境界によって起こる騒がしい心を対照し、本来の自性を回復することによって心の病を治癒することに焦点を当てているのである。

　圓佛教にて「心の修養」が一つのプログラムとして初めて展開されたのは1977年からである。圓佛教の峀溪(スゲ)農園で始まったこの「心の修養」は対内外的な反響を呼び起こしつつ大きな成果を収めた。とくに、一般信者をはじめとして青少年や幼児にいたるまで、そして家庭をはじめとして生活の現場や教化現場にいたるまでの多くの人たちにプログラムが実施され、道徳性の回復および発達に寄与して来た(42)。多様な分野の人たちが教義実践的、あるいは脱宗教的な性向から進められた「心の修養」

プログラムに積極的に関心を持った結果であった。

　さらに、2008年には圓佛教の「心の修養研究所」(2008年12月11日開所)が発足して、心の病のために苦痛を経験している衆生の治癒はもちろんのこと、病める社会を救援するための治療中心の研究活動を活発に展開している(43)。圓佛教の教団がとくに強調している「心の修養」プログラムを応用しており、さらに「心の修養研究所」の活動は心の病を積極的に治療しようとする方向で寄与しているので、励みになるであろう。

　最近には圓光大学校の圓佛教思想研究院の傘下に「心の人文学研究所」が設置された。この研究所は、2010年から2020年までの10年間、韓国研究財団からの75億ウォンの支援と、圓光学園の対応研究費35億ウォンの支援を貰うことによって運営されており、「心の修養」と関連する学術的な活動を行っているのが注目される。本研究所は「心の人文学」というアジェンダの設定が「心の修養」として象徴される圓佛教の教義ないし圓佛教学的な背景を前提にしているが、その研究活動は独立している。この研究所では思想、治癒、陶冶、共有という四つの分野で研究活動が展開されており、学術的に「心の修養」と関連した治癒の実践プログラムを開発するなど、活発な活動を見せている。圓佛教思想研究院における「心の人文学研究所」の運営は圓佛教学界に示唆するところがはなはだ大きいのである(44)。

　このように圓佛教では教団の内外からの関心の高い中で各種の「心の修養」プログラムが実行されており、このようなプログラムが圓佛教修行のトレンドとして定着できれば、それが社会に及ぼす波及力は大きいと思う。また、今日、流行する瞑想治癒および霊性治癒と同じ脈略で圓佛教の「心の修養」治癒論を定着させれば、現代人のストレス解消はもちろんのことで、修行人としての自性回復にも大きな効力を発すると考える。筆者はそれが圓佛教の未来方向を明らかにしてくれると確信して

いる。

結　語

　本稿では治癒の問題を根幹として圓佛教の治癒論を論じた。少太山(ソテサン)は近代社会の現象を病める社会として規定し、また個人の経験する苦痛を「心の乱」であると規定したのち、それらを救援しようとした。その方法として「自利利他と社会仏供」と「心の修養」があげられる。このすべては個人と社会を治癒しようとする少太山の抱負と経綸から出たものであり、圓佛教の教法実践の精髄でもある。

　分かりやすく説明すれば、圓佛教の教綱である「四恩」「四要」と「三学」「八条」において、自利利他と社会仏供は「四恩」「四要」に属するのであり、「心の修養」は「三学」「八条」に属する。それは「四恩」の無限の恩恵によって自利利他の共益精神を深化しようとするのであり、「四要」の実践によっての社会仏供をしようとするのである。また、「三学」「八条」の修行を通じて「自性仏」を回復できるように「心の修養」を修めることである。

　少太山は1916年、大覚と同時に圓佛教を創立したのち、朝鮮仏教の革新を通じて生活仏教を標榜した。また、圓佛教教理の特徴である「人道上の要法」[45]に基づいて社会救援の活動を展開した点でも意義があるだろう。世界救援に向かう「治癒」の主な課題は、神秘的な奇跡を起こすことではなく、合理的な方案を提示することによって次第に解決していかなければならない性格をもっている。迎える世は明るい世であり、もっぱら真理をもって信仰の対象と修行の標本とする。つまり、迎える世は事実を主にする世であり、邪術や奇跡から離れて「人道上の要法」を本位とするとみたのである[46]。彼が強調するように「人道上の要法」によって病める社会を治癒し、心の乱を治癒すれば、それは「開教の動機」で

明かしているように、「真理的宗教の信仰と事実的道徳の訓練」を根拠として波瀾苦海の一切生霊を広大無量の楽園に導くことになるだろう。

【注】

（１）　キム・スイル「人文学的心の治癒」（『人文学的心の治癒と韓国医学との出合い』圓光大学校心の人文学研究所、2012年、3頁）。
（２）　宋天恩『一円文化散考』圓佛教出版社、1994年、167頁。
（３）　宗教の機能についてオデアは「社会支持機能、司祭的機能、合法化機能、一致の機能、人格成長の機能」などで要約した（宋天恩『開かれた時代と宗教思想』圓光大出版局、1992年、89頁参照）。
（４）　金洪喆『圓佛教思想論考』圓光大出版局、1980年、332～333頁。
（５）　シン・スンチョル「圓佛教開教の歴史的性格」（『圓佛教思想』14集、圓佛教思想研究院、1991年、18頁）。
（６）　「開教の動機」は圓佛教創立の動機を語るものとして、社会全般を救援しようとする少太山の抱負と経綸を包括している。これを治癒という側面で両分できると考える理由は「開教の動機」は『正典』の第一「総序編」に登場し、「病める社会とその治療法」は『正典』第三「修行編」に登場するという事実に起因する。
（７）　『正典』第一「総序編」、開教の動機。
（８）　李聖田「圓佛教開教精神と生命秩序」（『圓佛教思想と宗教文化』39集、圓佛教思想研究院、2008年、101頁）。
（９）　シン・スンチョル「建国論の著述背景と性格」（『圓佛教学』4集、韓国圓佛教学会、1999年、503～504頁参照）。
（10）　『正典』第三「修行編」、病める社会とその治療法。
（11）　金順任「少太山大宗師の倫理観」（『人類文明と圓佛教思想』上、圓佛教出版社、1991年、341頁）。

(12) 柳炳徳「圓佛教の社会観」(『圓佛教思想』10・11集、圓佛教思想研究院、1987年、158頁)。
(13) 徐慶田『教典概論』圓光大出版局、1991年、506頁。
(14) 『大宗経』「修行品」58章。
(15) 前掲、注(14)に同。
(16) イ・ヨンイ「哲学と心の治癒」(『人文学的心の治癒と韓国医学との出合い』圓光大学校・心の人文学研究所、2012年、49～50頁)。
(17) 『大宗経』「修行品」56章。
(18) 前掲、注(17)に同。
(19) 梁銀容「圓佛教における心の工夫と治癒」(『韓国キリスト思想』17集、韓国キリスト思想研究所、2009年、105頁)。
(20) 『大宗経』「教義品」35章。
(21) 魯権用「教理図の教相判釈的考察」(『圓佛教思想と宗教文化』45集、圓佛教思想研究院、2010年、274～275頁)。
(22) 朴将植『平和の念願』圓佛教出版社、2005年、255頁。
(23) 前掲、注(10)に同。
(24) チョ・ヨンギル「仏教倫理の現実性」(『韓国仏教学』4、仏教学術研究所、1995年、99頁)。
(25) 韓種萬「鼎山宗師の建国論考」(『圓佛教思想』15集、圓佛教思想研究院、1992年、412～413頁)。
(26) 『大宗経』「教義品」34章。
(27) 韓基斗『圓佛教正典研究　教義編』圓光大出版局、1996年、218頁。
(28) 八条とは、信・忿・疑・誠(進行四条)、不信・貪欲・懶・愚(捨捐四条)であり、本八条は三学を容易に実践する詳しい方法論としてみなされる。

(29) 前掲、注(20)に同。
(30) 韓種萬『圓佛教大宗経解義』上、図書出版東アジア、2001年、295頁。
(31) 『鼎山宗師法語』「勧学編」31章。
(32) 梁銀容、前掲注(19)、111頁。
(33) 『大宗経』「実示品」15章。
(34) 朴吉真『大宗経講義』圓光大出版局、1980年、116〜117頁。
(35) 有念・無念は万事を有念で処理したことと無念で処理したことの度数を調べて記載するが、なそうときめたこととなすまいときめたこととを取捨実行する時、注意心をもって行ったことは有念と記し、注意心なく行ったことは無念と記す。はじめのうちは、結果の善悪はさておき取捨する注意心の有無の度数を計算するのだが、勉強が進めば結果の善悪度数を計算する（『正典』第三「修行編」日記法）。
(36) 『大宗経』「仏地品」16章。
(37) 『大宗経』「教義品」30章。
(38) 大山宗師の生前、圓佛教の収益機関である岫溪農園を中心として進行されてきた「正典、心の工夫」プログラムは、黄直平の指導によって展開してきた。これは『正典』の勉強を「心の工夫」と繋いで展開する特徴をみせる。
(39) 近来、活発に家族キャンプと言論媒体を通じて「心の工夫」プログラムを展開している権道甲の役割が目覚しい。
(40) 圓光保健大学校の張淵光は市民社会運動と共に進行する「環境運動と心の工夫」プログラムを展開している。このプログラムは2012年6月、『環境保全と心の工夫』という本の著述を通じてその実践方向を具体的に提示している。

(41) 金成薫「圓佛教における心の工夫の概念に対する研究」(『心の工夫の正体性研究』圓佛教教化研究所、2004年、23頁)。

(42) 韓昌敏「圓佛教における心の工夫に関する定義の試み」(『圓佛教における心の工夫の方法論研究』圓佛教教化研究所、2005年、1頁)。

(43) 梁銀容、前掲注(19)、115～116頁参照。

(44) 梁銀容「圓佛教学術活動の現況と課題――圓佛教思想研究院の学術・研究活動を中心として――」(『圓佛教思想と宗教文化』47集、圓佛教思想研究院、2011年、153頁)。

(45) 鼎山宗師は「人道上の要法」で次のように説いている。「過去には多くの仏様が過ごしていったが、我ら大宗師の教法のように円満な教法は前無後無であろう。その第一は、一円相を真理の根源と信仰の対象と修行の標本として奉り、一切をこの一円に統合して信仰と修行に直接活用するようにしていただいたことであり、第二は、四恩の大きな倫理を明かしていただき、人間と人間の間の倫理のみならず、天地、父母、同胞、法律と我らの間の倫理因縁を円満に統一していただいたことであり、第三は、奇跡を語らず、もっぱら「人道上の要法」を主体とし、真理と事実に符合する円満な大道として大衆を済度するまことな法をみせていただいたことである。まだは大宗師を伺う人が多くないが、今後、世界が発達すればするほど大宗師が新たな世界の主世仏であることを世界の人びとが認証するようになるだろう」(『鼎山宗師法語』「機縁編」11章)。

(46) 朴正薫『鼎山宗師伝』圓佛教出版社、2002年、117～118頁。

日本仏教に見る救済と癒し
――地蔵信仰を中心に――

笹 田 教 彰

[要旨] 地蔵菩薩は釈迦入滅後、弥勒仏が成道し出現するまでの無仏の時代に、六道に迷う一切衆生を救済する使命を負った菩薩である。所依となる経典は、中国隋代の成立とされる菩提燈訳『占察善悪業報経』2巻、中国唐代の成立とされる玄奘訳『大乗大集地蔵十輪経』10巻(以下『地蔵十輪経』と略す)、同じく唐代の成立とされる実叉難陀訳『地蔵菩薩本願経』2巻のいわゆる「地蔵三部経」である。また宋代の端拱2年(989)には常謹撰『地蔵菩薩像霊験記』が成立していることから、10世紀末あたりには一般民衆に身近な菩薩として信仰を集めていたと考えられている。主要経典や霊験記に説き示された衆生救済の具体的な内容は、「健康増進・長寿・招福」を中心とする現世利益と、六道中、とくに地獄に堕ちた人々の救済、いわゆる「地獄抜苦」である。

　日本では「正倉院文書」によって『地蔵十輪経』や『占察善悪業報経』等の地蔵経典が書写されていたことが確認され、また平安時代後半には実睿の『地蔵菩薩霊験記』や『今昔物語集』巻17所収説話などからもうかがえるように、地蔵菩薩の霊験譚が数多く創出され巷間に流布していたと考えられる。とくに日本では一旦死んだ者が冥界(死者の世界)からこの世に蘇ってくる蘇生譚と習合し、地獄に堕ちた人々を救済する仏としての信仰が広がりを見せていく。また鎌倉時代以降は「代受苦」の役割が期待され『さんせう太夫』(丹後の金焼地蔵尊)や『苅萱』(信濃善光寺の親子地蔵)など著名な室町時代物語(御伽草子)にも語られる一方、『矢田寺縁起』や『壬生寺縁起』など、地蔵菩薩を主尊とし、その霊験を語る縁起が独立して製作されるなど、多くの人々の信仰を集めていくのである。さらに「地蔵和讃」が広がりを見せる近世以降、「子安地

蔵」や「水子地蔵」など、現当二世にわたる子供の守り本尊としての役目を負うようになっていった。現代でも8月24日に各地で盛大に行われている「地蔵盆」は、このような地蔵信仰を受け継いでいるといえよう。本論では、日本の庶民信仰の代表ともいえる地蔵信仰の発展と変容に注目しつつ、仏教思想の救済の意味と癒しの問題について探っていくことにしたい。

　ただ、「癒し」という言葉自体は、現代の用語であり、日本の古語には見当たらない。用例が見られるのは「癒す」という動詞で、その意味は「病気・悩みなどの苦痛を治す」ことである。たとえば『徒然草』に「よろずの病をいやしけり」とあり、また日葡辞書にも「病をいやす」と出ている。その意味で、精神的な苦痛の緩和をより重視するのは、近代以降の発想であるとも考えられるのである。本論では「癒し」や「癒す」という言葉に注目するのではなく、肉体的・精神的な苦痛の緩和に仏教がどのような役割を果たしていたのかという点に焦点をあてていきたい。その際注目したいのは「無常観」の浸透である。日本における「無常観」は仏教思想そのものが受容されていったのではなく、「恩愛の絆」を基軸に理解され受容されていったと考えられ、その点をも明らかにしていきたい。

はじめに

　地蔵菩薩は釈迦入滅後、弥勒仏が成道し出現するまでの無仏の時代、六道に迷う一切衆生を救済する使命を負った菩薩である。所依となる経典は、中国隋代の成立とされる菩提燈訳『占察善悪業報経』2巻、中国唐代の成立とされる玄奘訳『大乗大集地蔵十輪経』10巻（以下『地蔵十輪経』と略す）、同じく唐代の成立とされる実叉難陀訳『地蔵菩薩本願経』2巻のいわゆる「地蔵三部経」である。また宋代の端拱2年（989）には常謹撰『地蔵菩薩像霊験記』が成立していることから、10世紀末あたりには一般民衆に身近な菩薩として信仰を集めていたと考えられている。

主要経典や霊験記に説き示された衆生救済の具体的な内容は、「健康増進・長寿・招福」を中心とする現世利益と、六道中、とくに地獄に堕ちた人々の救済、いわゆる「地獄抜苦」である。

　日本では「正倉院文書」によって『地蔵十輪経』や『占察善悪業報経』等の地蔵経典が書写されていたことが確認され、また平安時代後半には実睿（じつえい）の『地蔵菩薩霊験記』や『今昔物語集』巻17に収められた説話などからもうかがえるように、地蔵菩薩の霊験譚が数多く創出され巷間に流布していたと考えられる。とくに日本では一旦死んだ者が冥界（死者の世界）からこの世に蘇ってくる蘇生譚と習合し、地獄に堕ちた人々を救済する仏としての信仰が広がりを見せていく。

　また鎌倉時代以降は「代受苦」（だいじゅく）の役割が期待され『さんせう太夫』（丹後の金焼地蔵尊）や『苅萱』（かるかや）（信濃善光寺の親子地蔵）など著名な室町時代物語（御伽草子）にも語られる一方、『矢田寺縁起』や『壬生寺縁起』など、地蔵菩薩を主尊とし、その霊験を語る縁起が独立して製作されるなど、多くの人々の信仰を集めていくのである。さらに「地蔵和讃」が広がりを見せる近世以降、「子安地蔵」や「水子地蔵」など、現当2世にわたる子供の守り本尊としての役目を追うようになっていった。現代でも8月24日に各地で盛大に行われている「地蔵盆」は、このような地蔵信仰を受け継いでいるといえよう[1]。

　本論では、日本の庶民信仰の代表ともいえる地蔵信仰の発展と変容に注目しつつ、日本仏教における救済と癒しの問題を探っていくことにしたい。

1　地蔵信仰の興隆

　仏教が日本に伝来した当初（6世紀）、天皇や有力豪族を中心とする為政者の仏教理解は、仏舎利の霊験（『日本書紀』敏達天皇13年〈584〉

記事)や仏像の霊力(破仏伝承)が中心であったと考えられている。6世紀後半になると百済王興寺の建立や、同国からの造仏工・造寺工の来朝(『日本書紀』敏達天皇6年〈577〉記事)を契機に、中国や朝鮮半島の例にならい、国家レベルでの大伽藍寺院の造営が開始された。6世紀末、推古天皇は「仏教興隆の詔」を発布し(推古天皇2年〈594〉)、日本最初の大伽藍寺院である法興寺(飛鳥寺)が完成することになった。

推古天皇の摂政であった聖徳太子の仏教理解が、当時の知識人たちのレベルを遥かに凌駕するものであったことは事実であろうが、人々にとって仏教とは病気平癒を中心とする現世利益に関心が寄せられ、その功徳が最も期待されていたといえるだろう。有名な「法隆寺金堂釈迦三尊像光背銘」には、造立の目的として「病を転じて寿を延べ、世間に安住せんこと」[2]が願われているが、「若し是れ定業にして、以て世に背かば、往きて浄土に登り、早く妙果に昇らむことを」と、死を免れないのであれば浄土への往生が願われているのである。日本における仏教信仰が「現世安穏・後世善処」という2世安楽信仰として発展していく萌芽を見てとることができるだろう。

大化の改新(大化元年〈645〉)以降、仏教興隆の主導権は蘇我氏から天皇家に移り、「僧尼令」の制定や三綱の整備などの仏教統制が進められ、奈良時代中葉には、東大寺建立を基軸とした鎮護国家の仏教が形成されていった。この時代、仏教学派の再編により、いわゆる南都六宗が整備され教学研究の基盤が出来上がったことにより、後世の優秀な学僧の育成が可能となり、同時に都市(平城京)およびその周辺の住人に対しても仏教の教えが広く説き示されていくことになった。たとえば『続日本紀』の記事からは、人心を惑わし社会秩序を乱すものとして弾圧された行基の布教活動が「罪福を説く」(養老元年〈717〉4月23日の詔)、あるいは「罪福の因果を巧に説」く(養老6年〈722〉7月10日太政官

奏）と捉えられていたことがうかがえる。つまり因果応報思想に基づく「罪業による苦果」「善業による福徳」が人々に説き示され、関心を集めていたと推測される。したがって、平城京および周辺住民に対して説き示され、関心を集めていた仏教思想とは因果応報思想だったのである。

　このことは、中国においてもっとも理解された仏教思想が三世因果応報思想であったことと関連すると見られている。たとえば慧遠は『弘明集』巻5の中で「三報論」（現報・生報・後報）を展開しているが、道教の確立期とされる六朝末期、仏教は差別化を図るため因果応報思想をその特徴として強調していったとされている。

　7世紀中葉成立の『冥報記』3巻は仏教思想に基づく因果応報譚で構成された書物であり、9世紀初頭、この『冥報記』や『般若験記』（＝『金剛般若経集験記』）を模して撰述された薬師寺景戒の『日本国現報善悪霊異記』（以下『霊異記』と略す）3巻は、因果応報の理を示す「言説・説話」が数多く収録されており、奈良時代の都市住民に対して因果応報（善因楽果・悪因苦果）という新しい外来思想が説き広められていったことがうかがえる。

　日本における仏教説話集の嚆矢である『霊異記』には、現世での善因（仏法＝因果の理を深く信じることや、造寺造仏・経典の読誦や書写等の作善）は楽果を生じ、悪因（仏法＝因果の理を信じないこと、殺生・肉食などの破戒行為、五逆罪のうち父母に関するもの＝孝に反する行為など）はたちどころに苦果につながるという内容の説話が、身近な出来事を例として繰り返し説き示されている。したがって悪因苦果・善因楽果の実例の一つが閻羅王宮への召喚であり、この世への蘇りであったのである。

　『霊異記』には十数話の蘇生譚が収録されているが、奈良時代に多くの蘇生譚が創出されていった理由として、中国の志怪小説との接触によ

る死後世界に対する関心の高まりということが早くから指摘されている。因果応報の理を説く『霊異記』の蘇生譚は基本的に「悪因苦果」の実例としての死後の苦しみ（閻羅王宮への召喚）と「善因楽果」の実例としての蘇りが説かれている。「善と悪との報無きにあらず」、「善を作はば福来り、悪を作はば災来る、善と悪との報終に朽ち失せず、並に二の報を受く」など、蘇生譚末部に記された撰者景戒のコメントはそのことをよく表わしているといえよう。ただし『霊異記』では、死後世界での体験がこの世で未来の預言として位置づけられていたり（上巻第5話）、地獄からの迎えの獄卒たちに饗応することによって、死を免れたりする説話（中巻第24話・第25話）など、因果応報の理からは逸脱するような内容の説話も収録されており、罪業の結果、死後、苦しみを受ける閻羅王宮という仏教的な他界観の浸透とともに、奈良時代における冥界の実態をうかがい知ることができて興味深い。

　『霊異記』において地蔵菩薩が登場するのはただ一度だけであり、しかもそれが蘇生譚である。巻下「閻羅王奇しき表を示し人を勧めて善を修はしむる縁第九」がそれである。

　主人公の藤原朝臣広足は、死後、閻羅王の「重楼閣」へ連行されるが、そこで妊娠中に死亡した妻が苦を受けている姿を目の当たりにする。妻は広足の子を妊娠して死亡したので、死後の苦しみを夫と分かち合いたいと閻羅王に告げた結果、広足は「重楼閣」へ召されたのである。広足は妻に対して『法華経』の書写等の善業を行い、その功徳により苦しみから救うことを誓い、妻の許しを得て再び蘇ってきたという内容である。蘇生間際に広足が名を問うたところ「我れは閻羅王なり。汝が国に地蔵菩薩と称ふは是れなり」と語ったことが記されている。

　蘇生後、広足は「彼の死にたる妻の為に法花経を写し奉りて、講き読み供養し、福聚を追贈りて、彼の苦を贖祓ふ」とあり、標題にある通り

閻羅王は死後の苦しみを救う善行を行わせる存在として描かれているのである。したがって本説話は、後代の地蔵信仰の特色である「地獄抜苦」をモチーフとしているといえよう。

ただし閻羅王自身は救済者たりえず、また閻羅王と地蔵菩薩が同体であるとする見解は、同時代の他の文献に用例を見出せず、この時期としては大変特異であったと推測される。確かに『地蔵十輪経』の「序品」第 1 には、衆生救済のため、地蔵菩薩がさまざまの姿を採ることが明記されているが、『地蔵十王経』などに説く中陰五七日（閻羅王）の本地仏が地蔵菩薩であることが広く説かれだすのは室町時代以降であり、したがって『霊異記』に見られる閻羅王・地蔵同体説は、平城京や平安京の人々には十分に理解・認識されていなかったと考えて差支えないであろう。地蔵菩薩が地獄抜苦の菩薩として関心を集め出すのは平安時代後半以降であると考えられる。

平安時代以降も蘇生譚は再生産され巷間に流布していくが、地蔵菩薩の救済により地獄から蘇生したという説話は11世紀中葉、三井寺の上座実睿によって編纂された『地蔵菩薩霊験記』からであると考えられる。本書は我が国最初の地蔵菩薩の霊験記であり、漢文体の 2 巻24条からなり、室町時代ごろまでは存在していたが、その後散逸してしまい現存していない。

しかしながら、その内容の大半は12世紀前半に成立した『今昔物語集』の巻17によってうかがい知ることができる。巻17には地蔵菩薩の霊験譚が32話収録されているが、そのうち、約 4 割を占める12話（第17話から第26話、および第28話、第29話）が、地蔵菩薩の助けによる地獄からの蘇生譚である。また第27話は蘇生譚ではないが地獄抜苦の内容を有している。

これらの蘇生譚のうち、主人公の年齢が記載されているものを抽出す

ると、東大寺蔵満＝30歳（第17話）、備中国僧阿清＝24・5歳（第18話）、三井寺浄照＝30歳（第19話）、加茂盛孝＝40歳（第22話）、筑前国宗方ノ郡官主娘＝20歳余り（第26話）などであり、「中夭ノ業縁ニ被縛テ被召タル也」[10]、「身ニ病ヲ受テ俄ニ死ヌ」[11]などの表現もあるように、若い年齢での急死という状況が目立つのである。若年や壮年における突然の死が当人はもとより親族たちに、この世への蘇生を切望させ、それが地蔵信仰と結びついていったことがうかがえよう。

　また地蔵の霊験は僅かな功徳であっても実現するという点も強調されており、それが「地蔵菩薩ノ誓願他ニ勝レ給テ、憑(たの)モシクナム思ユル」[12]、「地蔵菩薩ノ誓ヒ、他ニ勝レ給ヘリ」[13]という地蔵菩薩の優位性として説き示されていたのであった。そのことは顕密の優れた験者による不動法などの加持祈禱を行える上流貴族とは異なり、わずかな善根しか積むことのできない一般民衆に広く信仰されていく要因ともなったのである。

　本論では、蘇生譚ではないが巻17の第27話「堕越中立山地獄女、蒙地蔵助語」に注目したい。内容は以下の通りである。

　延好という僧侶が越中立山に籠って修行していた時、深夜の午前2時ごろ、女性の亡霊が現れて延好に頼みごとをする。女性がいうには、自分は果報がつきて大変若くして死んでしまい、この立山の地獄に堕ちて苦しんでいる。自分は善根をまったく造らなかったものの、生前に祇陀林寺の地蔵講に一、二度参詣したことにより、今、地蔵菩薩が一日に三度現れて私の身代わりとして苦を受けてくれている。願いというのは、このありさまを京都で今も存命中の両親兄弟に知らせて、私のために善根を修して、この苦しみから救ってほしいと。これを聞いた延好は「哀ビノ心」（＝慈悲の心）を起こし、女性を救うために教えられた両親の家を訪ね、事の仔細を告げる。これを聞いた父母・兄弟は仏師を頼み3尺の地蔵菩薩像を造り、また『法華経』3部を書写して開眼法要を行い

娘の菩提を弔ったのである。人々は地蔵菩薩のご利益が他の仏菩薩より優れているとして、いよいよ信仰するようになったと記されている。

　ここでまず注目したいのは、主人公の女性が「果報既ニ尽テ」と語っているように、前世の業報としての楽果(らくか)が尽きてしまったので、若くして死ぬことになったと説明している点である。現在でもそうであるが、子供が年若くして死んでしまった場合など、両親は「なぜ」と深く問うことになろう。しかしながら現代医学で説明できるのは死亡の直接的な原因であって、なぜ若くして死なねばならなかったのかということを説明することはできない。その意味で仏教の因果応報思想は、人々の死をめぐる「なぜ」という問いかけにまさに応える思想だったということができ、それが早くから受容されていった要因の一つであったと推測される。

　次に注目したいのは、娘の状況を聞かされた父母兄弟が「皆涙ヲ流シテ泣キ悲シミテ、喜ブ事限リ無シ」と記されていることである。いうまでもなく、涙を流して泣き悲しんでいるのは、年若くして死んでしまった上に、死後も立山の地獄で苦しんでいるということを知らされたからであろう。また非常に喜んだというのは、その苦しみから救う方法を教えてもらったためであると考えられるのである。たとえば同巻第23話の主人公、周防国一宮の宮司玉祖惟高(たまのおやのこれたか)が蘇生して地蔵の霊験を親族に語った際、「此レヲ聞ク人、皆涙ヲ流シテ喜ビ悲貴コト無限シ」、つまりここでも家族が涙を流して喜び悲しんだことが記されている。[14]

　この二つの説話を比較した場合、第27話では娘は蘇ってこなかったものの、親族は第23話において夫の蘇生が実現した家族たちと同様に喜んでいるのである。父母・兄弟たちは追善のための仏事を行っているが、そこから地蔵菩薩像を作って菩提を弔うことが、娘の苦を取り除くことであるという死後救済の意義が理解されていたことがうかがえるのと同

時に、その営みが実は親族の悲しみを緩和する「癒し」として機能していたと考えたいのである。

ただし、古代や中世においては、「癒し」や「救い」とは精神的な内容よりも「病気平癒」というフィジカルで具体的な病状からの回復が中心であり、病にともなう精神的な苦痛からの解放であったと考えられるのである。

そこで次に『今昔物語集』巻第6「玄奘三蔵、渡天竺伝仏法帰来語第六」に注目したい。この説話の出典は未詳であるが、『打聞集』『三宝感応要略録』『宝物集』『三国伝記』などに書承され、広く巷間に流布していった説話である。内容は玄奘三蔵が天竺への旅の途中、『般若心経』を伝授することになった経緯を記した興味深いものである。前半部の概要は以下の通りである。

深山を通る間、玄奘は強烈な悪臭を放つ死体を発見するが、それは実は生きた女性であり、事情を訪ねてみると、全身に瘡の病を負い頸より足の裏にいたるまで全身の皮膚が爛れて膿を垂れ流し、生臭く悪臭を放つゆえ、父母からここに捨てられてしまったのであった。玄奘は「哀ビノ心」(＝慈悲の心)深くして、治療方法を教える人はいなかったのかどうかを尋ねるが、医師により治病は不可能であるものの、「頸ヨリ　趺(あなうら)ニ至ルマデ膿汁ヲ吸ヒ舐レラバ、即チ癒サム」[15]と語るのであった。しかしながら悪臭耐えがたく近づく人もおらず、まして膿を吸い出す人もいないので捨てられてしまったのである。『今昔物語集』では、次のように玄奘の思いが述べられている。

　　法師、此レヲ聞テ涙ヲ流シテ宣ハク、汝ガ身ハ不浄ニ成リニタリ。
　　我ガ身忽ニ不浄ニ非ズト云ヘドモ、思ヘバ亦、不浄也。然レバ、同
　　ジ不浄ヲ以テ自カラ浄シト思ヒ、他ゾ穢マム、極テ愚也。然レバ、

—84—

我レ、汝ガ身ヲ吸ヒ舐テ汝ガ病ヲ救ハムト。(16)

　表面的・外面的な浄・不浄（穢）に執着するのではなく、同じ人間としての不浄性を見据えた上での救済行為であることがよく示されているといえる。「思ヘバ亦、不浄也」の不浄とは、具体的には語られていないものの、人間の根源的な煩悩（無明）を指し示しているとみて良いだろう。より内面的な不浄性を重視する仏教の立場から、死や血の「ケガレ」という、祓いや禊で除去できる表面的な不浄性を重視する仏教以前の、日本的なメンタリティを克服していく道が示されているとも考えられるのである。

　玄奘は病者に進みより、膿汁を口で吸って吐き棄てるという「治療方法」を行っていくのであるが、頸から腰のあたりまで膿汁を吸っていくと、「舌ノ跡、例ノ膚ニ成リ持行テ瘥」えていったのであった。その時、微妙の栴檀・沈水香等の香と輝かしい光が出来し、その病者は変じて観自在菩薩と成ったのである。観自在菩薩は玄奘三蔵の心を試すために病者の姿を装っていたのであった。観自在菩薩は玄奘三蔵を「実ノ清浄・質直ノ聖人也ケリ」と褒め称え、「我ガ持ツ所ノ経」つまり『般若心経』を授けたのであった。

　家族からも放逐されるほどの病に罹り、しかも寿命も尽きないという状況は、福利厚生の制度もなく、医療水準も現代とは大きく異なる古代・中世にあって、当事者の大きな苦痛であったといえよう。仏教の慈悲の精神に基づく救済行為が、当事者の癒しとして機能していくことになったのである。鎌倉時代の叡尊や忍性による癩病者救済の活動も、このような慈悲の思想に基づく「癒し」の行いであったと見ることができるだろう。

2 無常観の浸透と地蔵信仰の変容

　平安時代の密教全盛期には、不動明王を主尊とする加持祈禱により、除病・延命・蘇生・呪詛等の願いが仏教信仰の中核を占めるようになり、たとえば浄蔵が一条戻り橋で亡くなった父を蘇生させた記事など、秘密修法による蘇生の事例も伝えられるようになってくる。同時に夭死した肉親を蘇らせたいという切実な願いは地蔵信仰と結びつき、地獄抜苦や蘇生といった霊験譚を生んでいったのである。

　しかしながら、別稿で指摘したように平安中期以降、天台浄土教が発展し、人界は穢土でしかなく、阿弥陀仏の極楽浄土への往生こそが救いとなるという浄土教的な救済思想が説かれたことにより、この世への単なる蘇生は意味をなさないことが知られていくようになったと考えられるのである。換言すると、12世紀から13世紀にかけて、いわゆる中世仏教が成立してくる時期、この世への蘇生ということ自体の持つ意義そのものが変化していき、この世への蘇生よりも死後世界での救済の方に、より重点が置かれていくようになったといえよう。

　たとえば13世紀初頭に成立した『古事談』には、恵心僧都源信の妹と推測される安養尼（願証）が、入滅ののち、死後世界を体験して閻魔王宮から蘇ってきた説話を収録している。しかしながら、この蘇生譚はそれまでの蘇生譚と趣をまったく異にしているのが特色である。説話の内容はおよそ以下の通りである。

　恵心僧都の妹安養尼は、生前から兄に対してみずからの臨終には必ず会いに来てくれるよう約束を交わしていた。しかしながら危篤状態となった時、恵心僧都は千日の山籠り中であり洛中に赴くことができなかった。そこで西坂本のあたりで会う約束をしたものの、安養尼は運ばれてきた輿の中で息を引き取っていた。恵心僧都は修学院に住していた

― 86 ―

清義(実際は勝算)のもとへ赴き、不動明王の真言により安養尼を蘇生せしめんことを請い、みずからも地蔵菩薩の宝号を念じたのである。すると安養尼は炎魔王宮へ行ったものの、不動尊が火炎を背に押し立ち、地蔵菩薩がみずからの手を引いて連れ戻してくれる光景を目の当たりにして蘇ってきたと語るのであった。

　この説話で注目したいのは、安養尼を蘇生させることを請う際の恵心僧都の言葉「雖レ為二有限之命一、一旦蘇生セサセテ、念仏ヲモ申テキカセマホシク侍」る、である。この言葉には、命自体には限りがあり、死を免れることはできないものの、源信みずからが臨終の善知識となって念仏を説き聞かせ、安養尼を極楽世界へ往生させてやりたいという願いが込められているといえよう。したがって、極論すれば、安養尼が蘇生し、源信が念仏を唱和したならば、安養尼はまたすぐに死んでも、一向に構わないということである。

　つまりこの説話では、この世への蘇生は娑婆世界でのさらなる延命を期待してのことではなく、六道輪廻の迷いの世界を解脱し極楽世界へ往生することをより確実にするために臨終行儀を行うことに意義があったのである。この説話の末部には安養尼が蘇生後、6年を経て臨終正念のうちに往生と遂げたことを記しているが、この世への蘇りを重視する蘇生譚ではなく、この説話が往生譚でもあるのは浄土教的救済思想に立脚しているからであろう。

　この安養尼の蘇生譚は、13世紀後半に撰述されたと見られる『撰集抄』巻9の第3「安養尼之事」に書承されているが、撰者は説話評論の中で、効験に優れた智者や貴い人を兄や弟に持っていれば、後世菩提を含めてなんとでもなるだろうと思いこんでいるのは、非常に空虚なことに過ぎないことを強調しつつ、つぎのように結んでいる。

さても、安養の尼のありさま、伝へききき侍るに、いかにも心を澄みておはしけんと、かへすがへすうらやましく侍り。(中略) うき世の無常をおもひ知りて、しづかに念仏していまそかりけん、げにこの世より仏の種と覚えていみじくぞ侍る。(20)

　安養尼が冥土より蘇生したことよりも、浮き世の無常を感じ、心を澄ませて念仏し極楽に往生したことの方を高く評価しているのである。この『撰集抄』と同じく、鴨長明の『発心集』や慶政の『閑居友（かんきょのとも）』をはじめとする隠者文学では「うき世の無常をおもひ知りて、しづかに念仏」する「世捨て人」こそが理想の生き様であったといえ、これらの作品に蘇生譚は一切収録されていないのである。無常観の広がりが「うき世」でしかないこの世へ蘇ってくるという「霊験」に対して、冷めた眼差ししか向けられないのはむしろ当然であったといえよう。
　また無常観の浸透は、仏教の救済や癒しを病気平癒のみではなく、心の痛みや苦しみの緩和という新たな役割へと誘っていったと思うのである。先に引用した『今昔物語集』の立山地獄の説話は我が娘の死を悼む親族の切実な思いがうかがえたが、日本における無常観はこの「恩愛の絆」を基軸に深く浸透していくことになったと考えられるのである。
　ここでは象徴的な事例として『平家物語』「六道之沙汰」をとりあげたい。周知のように「六道之沙汰」は「灌頂巻」に含まれる章であるが、平家一門のただ一人の生き残りである建礼門院徳子が大原三千院で一門の菩提を弔う生活を送っていた時、後白川上皇の訪問をうけ、有名な六道語りを行う段である。今、徳子の言葉に注目したい。

　かかる身になる事は、一旦の歎申すにおよびさぶらはねども、後生菩提の為には、悦びとおぼえさぶらふなり。忽ちに釈迦の遺弟につ

らなり、忝く弥陀の本願に乗じて、五障三従の苦しみをのがれ、三時に六根をきよめ、一すじに九品の浄殺をねがふ。専ら一門の菩提をいのり、常は三尊の来迎を期す。いつの世にも忘れがたきは先帝の御面影、忘れんとすれども忘られず、しのばんとすれどもしのばれず。ただ恩愛の道ほどかなしかりける事はなし。されば彼菩提のために、朝夕のつとめおこたる事さぶらはず。是もしかるべき善知識とこそ覚えさぶらへ。(21)

　前半部分において徳子は、平氏一門の滅亡は一時の歎きには違いないものの、仏道に帰依し、後生菩提を祈れるようになったことは、むしろ喜びであるとして、一門の菩提を祈りつつ、みずからの極楽往生を期した生活を送っていると語るのである。しかしながら、徳子の心情の根底には、8歳で壇ノ浦に沈んでいった子息安徳天皇の面影が忘れられず、我が子を失った苦しみや悲しみは忍び難く、「ただ恩愛の道ほどかなしかりける事はなし」という感慨が存していたのである。
　これを受けて後白河法王は次のように語るのであった。

此国は粟散辺土なりといへども、忝く十善の余薫に答へて、万乗の主となり、随分一つとして、心にかなはずといふ事なし。就中仏法流布の世の生れて、仏道修行の心ざしあれば、後生善処疑あるべからず。人間のあだなるならひは、今更おどろくべきにはあらねども、御有様見奉るに、あまりにせんかたなうこそ候へ。(22)

　昔日の面影もなく、仏道に勤しむ徳子に対して後白河方法は「後生善処疑あるべからず」と言葉をかけるものの、徳子の姿はあまりにも哀しく、痛々しく、何とも言いようのないものでしかなかったのである。

六道語りの最後は、「叫喚大叫喚のほのほの底の罪人も、これには過ぎじとこそおぼえさぶらひしか」と語られる壇ノ浦での平氏の壮絶な最期の場面であるが、子息安徳天皇が二位の尼に抱きかかえられて海の底へ沈んでいく光景を目の当たりにした徳子は、「忘れんとすれども忘られず、忍ばんとすれどもしのばれず[23]」と、その悲痛な思いをここでも繰り返し語っているのである。

　大原での仏事は「専ら一門の菩提をいのり、常は三尊の来迎を期す」ものであった。しかしながら、徳子にとっては、最愛の子息安徳天皇の菩提を弔うことこそが主であり、それがみずからの極楽往生のための仏事＝功徳・作善ともなっていたのである。恩愛の絆が深ければ深いほど、失った時の悲しみや苦しみは、深く大きいといえよう。そのような精神的な苦しみのなかで、徳子は菩提を弔う仏事に専念するしかなかったのである。

　「六道之沙汰」に続く「女院死去」では、臨終行儀のうちに往生の奇瑞が語られ、徳子の往生が示されるが、その心境は具体的には語られておらず、徳子が「救い」を実感していたかどうかは判然としない。ただ時間をかけた追善菩提の祈りこそが、心の救いにつながっていったのではないかと推測するのである。

3　業報思想の発展

　さて、無常観の浸透とともに注目したいのが、みずからの果報は容易に変えることができないという業報思想の広がりである。たとえば『今昔物語集』巻26は「宿報」と題されて24話もの説話が収録されているが、たとえば第19話は「然レバ、人ノ命ハ、皆前世ノ業ニ依テ、生ルル時ニ定置ツル事ニテ有ケルヲ、人ノ愚ニシテ不知シテ、今始タル事ノ様ニ思嘆ク也ケリ。皆前世ノ報ト可知也トナン語リ伝ヘタルトヤ[24]」という一文

で閉じられている。

　巻26には親子の不思議なめぐり合いや、高価なものを入手したり、九死に一生を得たりする説話が収められているが、それらは仏教的な因果応報の原理を述べて悪業を慎み、善業を勧めるという内容ではなく、また不思議な出来事の原因は一切語られることなく、仏教的な因果応報思想とはかけ離れたものであることが指摘されている。宿報とはまさに「不思議な運命」の意味にまで変容していったのである。

　また無住の『沙石集』には仏教説話という特色上、業報思想（＝因果応報思想）を説く個所が多く「因果ノコトワリ」「輪廻ノ業」「輪廻ノ苦果」「生死ノ業」「無間ノ業」「殺生ノ業」「先世ノ業」「先世ノ果報」などの用語も頻出する。ただし、「生レツキタル果報ハ定リ有テ転シカタキ事也。今生ノ果報ハ先世ノ業ニコタフ、当来ノ果報ハ今生ノ業ニヨルヘシ」、あるいは「衆生ノ業報ハ猶ノカレカタシ。末代ニハ年ニ随テ世間ノ災難ハ多ク佛法ノ効験希也」、などと記されているように、過去世からの業報は容易に変えることができないという考えを繰り返し説いているのである。つまりこの世での貧困や夭死を含めた災難は、宿業の催すところであり、それは容易に変えることはできないということなのである。

　この『沙石集』巻2にも地蔵菩薩による蘇生譚が収録されているが、注目したいのは次の説話である。

　　常陸国筑波三の辺に、老たる入道ありけり。手づから地蔵ををかしげに刻みて崇め供養しけり。家中の男女、万の事この地蔵にぞ申しける。随分の利益、面々に空しからずなんありけり。幼き者あり。井にあやまちて落ち入りて死にけり。母は泣き悲しみて、「万の願ひ満ち給ふ地蔵の、我が子を殺し給ひたる口惜しさよ」とて、理も

無く泣きける夜の夢に、この地蔵、井のはたに立ちて、「我を怨むる事なかれ。力及ばぬ定業なり。後世は助けんずるぞ」とて、井の底より幼き者を負ひて出し給ふと見て、嘆きも少しやみにけり。(30)

　先に引用した『今昔物語集』同様、この説話も蘇生譚ではない。ただ、母の言葉から我が子を失った悲しみの程が理解できよう。この母親にとってまさに救いとなるのは我が子の蘇生に他ならなかった。地蔵は夢の中で子供が死んだのは前世から定まっていた寿命（＝定業）のせいであり蘇生させることはできないものの、後世は救うと告げたのである。母の悲しみは癒されることはなかったであろうが、「嘆きも少しやみにけり」と記されているように、我が子の死後の安楽につながる地蔵の告げを蒙ったことが、やはり母親にとっての「癒し」となったであろうと推測されるのである。

　また別稿で明らかにしたように、無住の業に対する考えは「生レツキタル果報ハ定リ有テ転シカタキ事也」(31)という言葉に集約されているといえよう。したがって、現世での貧困や夭死・災難などからは容易に逃れることはできず、たとえ神仏に祈っても容易に利益が得られないことを再三述べているのである。

　またこの世に生きる我々には、前世からの宿業のほか、神仏から目に見えない作用も働いてはいるのであるが、「先業ノ決定シテ遁カタキハ仏神ノ御力モカナハス、去ハ神力業力ニ不勝タスト云ヘリ」(32)と述べられているように、「見えない冥衆の力」＝冥加も、宿業に勝るものではなかったのである。

　日本において業報思想が浸透していった背景には、殺生や不孝などの悪業に対する厳しい苦果（現報）が繰り返し説かれていったことや、因果の理を信じ作善をなせば福徳の果報が得られることに対する期待が

あったと考えられよう。本地垂迹説が広がりを見せる平安時代末期以降、仏菩薩と同様に、我が国の神々も人々を擁護し、利益を与える存在として信仰を深めていくことになった。しかしながら、現実の信仰の場にあっては、そのような利益は容易に得られるものではなかったのである。そのような信心の場を目の当たりにした無住が強調したのは「誠の信心」であった。業の不滅性や自業自得の原則が深く理解されていくなかで、宿業は容易に免れるものではないとしか考えられず、貧困のまま生涯を終えたり、難病に苦しみ、盗みなどの悪業を働いたりしてしまうものの、仏法を深く信じ、誠の信心によって神仏を信仰していれば、冥加は必ず得られるはずである、それが無住の考え方であったといえよう。[33]

一方、鎌倉時代に新しい思想を構築していった法然や道元は、無住とは異なり、自己自身の業報をより自覚的に捉えていたといえる。たとえば道元は12巻本『正法眼蔵』「深信因果」において「因果ヲアキラカニ」することの意義を強調し、自己の宿業を自覚的に捉え、臨終時に悪道への転生の相が現じても、現世での仏道修行により、次生以降、必ず解脱することができるという想いをなすことの重要性を説いているし、法然も悪業により、臨終に悶絶するようなことがあっても、平生の念仏により阿弥陀仏は必ず来迎し、極楽へ往生できることを説いているのである。道元と法然ではその思想はまったく異なっているといえるが、みずからの業を自覚的に受けとめることについては共通していたのである。

結びにかえて

以上、日本における地蔵信仰の興隆と変容について、蘇生譚を中心に検討してきた。記紀神話の世界観の基調をなすこの世とあの世の連続性は仏教の因果応報思想の受容、仏教的他界観の浸透により、死後、生前の罪業を裁かれる地獄の存在を定着させていったといえよう。地蔵信仰

が広く受容されていった背景に、わずかな善根によっても地獄抜苦、蘇生という莫大な功徳が得られるという霊験が期待されていたことが指摘でき、それは肉親を失った親族にとっては切実な願いであったということができるだろう。

　しかしながら、平安中期以降、天台浄土教の興隆を契機に中世の無常観が構築されてくるなか、迷いの世界でしかない娑婆世界への蘇生は意味のないものであるという思想が形成され、また「運命有限」、「生レツキタル果報ハ定リ有テ転シカタキ事也」など、人の死を「定業」として諦める立場も説き示されていったのである。そのような思想的傾向＝中世仏教の誕生が前代の蘇生譚にも大きな影響をもたらし、この世への蘇りよりも死後救済をというように、地蔵信仰を変容させていったと考える。

　もちろん諸行無常の認識を深めこの世を穢土と見ることは死に急ぐことではない。この世の栄華に執着しないまでも、できるだけ健康で長生きしたいという願いは、代受苦の役割を担うさまざまの地蔵菩薩の像形を作り出し、さらに室町時代以降、賽の河原信仰が広がりを見せるなかで子供の守り本尊としての役目を担っていくようになったのである。とくに地蔵和讃が流布しだし、儒教の孝思想が広く説かれていく中、「親に先立つ不孝者」として賽の河原での石積みの光景が、絵画を通して説き示されていった。

　同時に16世紀末のポルトガル宣教師の報告にも見られるように、薬による流産や生まれた子供を産所で親が殺してしまう「間引き」も江戸時代に広く行われていたことはよく知られている。子供を殺すことは親の権利として幕府法でも認められていたことを強調する向きもあるが、やはり我が子を手にかけた親にとって、蘇生ではなく冥福が祈られたことであろう。

子供の成長を願うと同時に死後の救済も祈ることのできる菩薩として地蔵信仰が広がっていたということができ、現在、町のいたるところで目にする地蔵菩薩は、そのような信仰の中に生き続けてきたのである。

【注】
（１）　地蔵信仰については、速水侑『地蔵信仰』（塙書房、1975年）、真鍋廣済『地蔵菩薩の研究』（三密堂書店、1960年）、桜井徳太郎編『地蔵信仰』（雄山閣出版、1983年）など参照。
（２）　『聖徳太子事典』（新人物往来社、1991年）。
（３）　末木文美士「因果応報」（『岩波講座　日本文学と仏教』第二巻「因果」岩波書店、1994年）所収。
（４）　上巻第5話・30話、中巻第5話・第7話・16話・19話・24話・25話、下巻第9話・22話・23話・30話・36話・37話など。
（５）　出雲路修「〈よみがへり〉考――日本霊異記説話の世界――」（京都大学文学部国語学国文学研究室編『国語国文』第49巻12号、1980年）。
（６）　『新日本古典文学大系』30（岩波書店）、143頁。原漢文。引用は出雲路修氏の読み下し文による。
（７）　同上書、161頁。
（８）　同上書、143頁。
（９）　同上書。
（10）　『新日本古典文学大系』36、33頁。
（11）　同上書、37頁。
（12）　同上書、44頁。
（13）　同上書、46頁。
（14）　『新日本古典文学大系』36、42頁。

(15) 『新日本古典文学大系』34、22頁。
(16) 同上書。
(17) 『扶桑略記』康保元年（964）11月21日条の浄蔵卒伝には、浄蔵が不動火界呪により光孝天皇の皇子是忠親王を蘇生させたことが見られ、同書延喜18年（918）10月26日条には、父三善清行を蘇生させたとあり、『江談抄』には京極御休所（褒子）を蘇生させた記事が見られる。同様に、不動法を得意とした相応や、第24代天台座主慶円などにも不動法による蘇生の記事が見られるのである。
(18) 拙稿「蘇生譚と浄土教──「安養尼蘇生譚」を中心として──」（佛教大学『文学部論集』第77号、1992年）。
(19) 『新訂増補国史大系』第18巻、61〜62頁。
(20) 岩波文庫本『撰集抄』、281〜282頁。
(21) 『新編日本古典文学全集』46（小学館）、517頁。
(22) 同上書、518頁。
(23) 同上書、522〜523頁。
(24) 『新日本古典文学大系』37、88頁。
(25) 同上書、42頁。
(26) 同上書解説参照。
(27) 神宮文庫本『沙石集』巻6。
(28) 神宮文庫本『沙石集』巻9。
(29) 無住同様、宿業は決定しており用意に変更することはできないものである、という考え方は「宿業かきりありて、うくへからんやまひは、いかなるもろもろのほとけかみにいのるとも、それによるましき事也」と語る法然にも見ることができる（『浄土宗略鈔』『昭和新修　法然上人全集』平楽寺書店版、604〜605頁）。ただし法然の場合、『浄土宗略鈔』に詳述しているように、我々凡

— 96 —

夫は宿業により生死輪廻を繰り返す存在であり、そのゆえにこそ阿弥陀仏の本願による救いの対象となり、また念仏は「八十億劫生死の罪」を滅することができるのである。つまり宿業自体、法然の思想では、往生を妨げ、悪処に堕す要因とはならなかったといえよう。したがって、弥陀の本願力による一切衆生平等往生という新しい思想の登場も、この世への蘇生の意味を失わせることになったと考えられよう。鎌倉時代以降も蘇生譚は作られていくことになるが、定業限りあって寿命が尽きたならば、その蘇生を願うことよりも、死後世界での救済＝冥福がより強く願われるようになっていったのではなかろうか。地蔵信仰もそのような中世仏教の動向の中で変容していったといえよう。

(30) 『新編日本古典文学全集』52、99〜100頁。
(31) 前掲注(27)書。
(32) 神宮文庫本『沙石集』巻2。
(33) 拙稿「宿業をめぐる冥と顕」(池見澄隆編著『冥顕論　日本人の精神史』法蔵館、2012年)。

懺悔修行を通じた現代人の仏教的治癒
―― 元曉の『大乗六情懺悔』を中心に ――

金　道　公

［要旨］　本稿は、仏教の信仰と修行が一般の人々が、普通の生活を送っていく時、彼らに現われる業障をとり除き、ひいては彼らの心を浄化するのに必要な宗教的修行の中で重要なものが、まさに懺悔修行であることを述べる。
　このような宗教的な懺悔修行論を比較的その原理と方法においてよく明らかにしている、元曉の『大乗六情懺悔』という著述を中心にして、大乗懺悔と六情懺悔の内容を調べてみた。元曉の懺悔修行論は当時の大乗懺悔法の理論を土台としながらも、一般民衆の懺悔法をより高い次元に導いている側面があるという点を確認した。しかし、元曉の懺悔修行論のみならず、既存の宗教伝統の懺悔は現在、多くの変化を必要とする部分がある。
　現在、元曉の懺悔論を含んだ仏教の懺悔修行論を批判的に検討してみれば、懺悔修行論の大乗的な意味の現われる面が評価できる一方、多少もの足りない面も発見される。
　本稿では、それらを6つの観点から指摘しているが、指摘した内容に基づいて、より新鮮で敬虔な仏教的懺悔修行と儀礼を用意して、それを社会的に普及させて懺悔修行を一般的な文化にしていくことが、仏教が個人と社会の治癒のために寄与できる重要な領域であると思う。

はじめに

現代人に親しい仏教的な用語の中、「自業自得」という言葉がある。

みずから為した善や悪の業は必ずみずからがその報いを受けるという、因果報応の法則を示すものである。それと近い表現に「自縄自縛」という言葉もある。自分が作った縄で自分自身を縛りつける如く、誤った言葉と行動をすることからみずからを縛っていくという意味である。この二つの用語は、現在、経験している苦しみの原因はみずから起こした業あるいは煩悩によるものであるといっている。このような考えは仏教文化圏の中では一般的な思惟方式である。

しかし、多くの現代人は自身に近づく苦の原因について、自分が作った業がそれであると考える場合はあまりない。「前世の業」あるいは「自業自得」などの用語は概ね否定的で宿命的なイメージを持っている。そのためか、現代人は自分に近寄る生の苦しみを受け入れる時、その原因を外部から訪れる、あるいは苦しみを与える相手に対する即時的な反応として怒りを表す事が多い。怒りは社会的にも多くの問題を引き起こす。そのためか、最近では、仏教的方法からの怒りの治癒を模索している研究がいろいろと展開されている。[1]

怒りという状況は誰かを対象にして不快な感情を起こすことであり、この感情はその対象である相手に対して直接的に仕返しの反応を表すことがあるという点から、非常に憂うべき心の状態である。しかし、怒りは主に外部の刺激に対する反応としての感情であり、このような状況は生きていく間、あまり頻繁に起きる状況ではない。むしろ、日常的に暮らしていく平凡な人の心の中に潜在している罪の意識、人生における悔恨、不幸な境涯に対する嘆きなどのように、普通の人間の生に普遍的に現われる感情や情緒に必要な仏教的修行は何であるかを悩まなければならない。

日常の暮らしのなかで大小の過ちを犯しながらも無感覚になっている現代人には、自分が経験する生の苦しみとその原因を根本的に返り見る

修行である懺悔修行が必要であり、これを通じる生の治癒が切実な問題である。

したがって、本稿ではこのような仏教懺悔修行論の必要性と、これを通じた現代人の治癒を模索するため、元曉の著述である『大乗六情懺悔』に現われた懺悔修行論を批判的に検討する。そして、ここで検討された内容を中心にして、現代人の仏教的治癒方法や懺悔修行論の新しい定立の方向を検討しようとする。

1　仏教の懺悔論と問題点

懺悔の「懺」はサンスクリットの「容赦を謝る、悔やむ、堪える（忍）」という意味を持つkṣama（懺摩）という言葉の発音を縮めた文字であり、「悔」はkṣamaの意味を翻訳した言葉である。伝統的な仏教の懺悔方法として「布薩(ボサル)」と「自恣(ジャジャ)」がある。布薩とは比丘(びく)たちが半月ごとに一回ずつ仏様や大比丘に仕えながら戒本を読む伝統的な儀式である。この時、戒を犯した比丘は大衆の中でその罪を告白して懺悔する。自恣は、毎年、夏安居(げあんご)の最後の日に比丘たちが集まり、お互いに隔心なく批判する中で、各自がみずから懺悔してその徳行を磨く方法である。布薩がみずからの告白から成り立つ懺悔であるとすれば、自恣は他人からの指摘を受けて懺悔するのである。

大乗仏教の懺悔は、まず、十方三世の諸仏様に帰命して懺悔することで罪の意識から脱する形式を取っている。初期には懺悔が戒律と繋げられて修行や教団統制の役目をはたしていたが、大乗仏教にいたってはその意味のみならず宗教的な目的にまで昇華した修行法になっている。

大乗仏教の発展とともに懺悔法にもさまざまな形式が備えられて、教理的にも体系化されていった。その類型別に、現在、流通しているものとしては二種懺悔・三種懺悔・三品懺悔・六根懺悔などがある。これら

の中、懺悔の基本的根拠になったものは二種懺悔と三種懺悔である。二種懺悔は事懺と理懺をいう。事懺は事柄によって分別し懺悔する方法で、随事分別懺悔ともいわれ、身では仏に礼拝して口では賛嘆の偈頌を唱えながら、心では神聖な姿を描きながら過去と現在になした罪業を懺悔するのである。一般的に懺悔という時は、この事懺を意味する。

　理懺はすべての存在の実相を観察して懺悔を得る方法で、観察実相懺悔ともいう。これは過去と現在に起こしたすべての罪業が心にて起きたことであるのみで、心の外の事は一つもないと考える唯識思想の主張に、自心が本来から空寂なものであると分かれば、すべての罪相も空寂に過ぎないという般若思想が合致されて成り立った懺法である。

　懺悔の意味を要約した偈頌としては『華厳経』の「普賢行願品」の懺悔偈がある。この懺悔偈を倦まず弛まず真心を込めて暗誦すると心が清浄になって一切の罪業から脱するようになる。

　しかし、このような懺悔はかなりの理性と思慮を要するものであり、その法式も容易なものではない。したがって、仏様の名号を呼びながら懺悔する易しい方法が現れるようになる。その代表的なものとして弥陀懺法・観音懺法などがある。これらの懺悔修行法は、仏菩薩が仏様になるために大きな願を立てて修行する時である因行時に立てた願と深く連関されているもので、仏菩薩の名前を一念に唱えれば、すべての罪業が残らず消滅して清浄になるというのである。

　このように懺悔を主題意識にして仏教の歴史と文化を考察すれば、各時代ごとに宗派別に多様な懺悔の方法と儀式があったという事実が理解できる。

　しかし、現代仏教では懺悔は修行の領域の中でも後回しに追いやられている。やや祈福的ではあるが、その文化的な趣を味わえる占察法の伝統はほとんど消えた。仏教儀礼にも懺悔はほとんど形式のみとして残っ

ている場合が多い。発願文の中での懺悔の文章は徐々に削除あるいは縮まっている。

　また、個人的な修行である懺悔だけで罪業が消滅するとすれば、実相、作られてある罪業は、誰がどのようになくさなければならないのか、という問題が残る。自分が起こした罪業に相応する代価や報応がなければならないのではないか、という疑問が提起される。同時に、事懺は比較的理解し易いが理懺は易く理解するには難しい。したがって、これを間違い受け入れて、本来の罪性のなきことをあまりにも軽々に理解して誤解する場合もある。まるで悟ることもできなかった衆生が「煩悩即菩提」という一句節を知ったことだけで悟りを得たと勘違いして自行自止するように、本来は罪には自性がない（罪無自性）という句節だけに頼り、あまりにも易しく自分が犯した罪業を払い落としたと考えてしまう場合も起きるのである。

　また、懺悔という重要な修行を極めて個人的領域においてだけ理解する傾向がある。ラインホールド・ニブエル(5)が指摘しているように、個人(6)は道徳的になりたがるが、我々が置かれた社会の構造的な所与はすでに非道徳的な構造に置かれていることを理解しなければならない。そのような状況にも、相変らず懺悔は個人的な修行の領域にだけとどまって停滞しているようである。我々が犯している罪業は個人だけの責任ではなく社会的な責任を負わなければならないものが多い。個人と個人の間、個人と組織の間、組織と組織の間、国家と国家の間、お互いのかかわり合いの中で幾多の罪業が生じている。そのため罪業を清浄にして行くことにも個人だけでは出来ないものが多くなった。お互いのかかわり合いの中で作られた罪業の縁起性を認識すれば、その罪業をなくしていくこともお互いの関係の中で協力していかなければならないのである。このような点で、これからは組織と団体、国家の懺悔も考慮しなければなら

ないと思う。

　このように懺悔修行論に対する現代的な意味の検討が必要な点で、元暁の懺悔修行論は多くの示唆を提供していると判断される。そこで元暁の懺悔修行論の検討を中心に論議を展開していこう。

2　元暁の懺悔修行論

（1）　懺悔修行の必要性

　元暁は彼の思想と修行の体系を『大乗起信論』（以下『起信論』）を中心軸にして形成した。元暁の懺悔修行論の脈絡も『起信論』の体系の中で把握される。『起信論』の第三分別発趣道相では三種類の発心（三種発心）を説くのに、その初めの「信成就発心」に示される4種類の方便のうち、能止方便と善根増長方便にて懺悔の必要性を言及している。

　　能く制止するための方便、つまり慚愧して過を悔い、一切の悪法を制止して増長させないこと。法性が分別執着の対象となる性質と無縁であることに随順するからである。(7)

　　つまり、つとめて三宝を供養し礼拝し、讃歎随喜して諸仏をお招きすること。三宝を敬愛する淳朴で深厚な心のおかげで、信心が増長することができ、そこではじめて能く志しを起こして無上の菩提を求めるのである。また仏法僧の力の加護のおかげで、業障を消滅させることができて、善根は退転しない。法性が痴障と無縁であることに随順するからである。(8)

　また、『起信論』では不定聚人(9)の中から殊勝な者と劣等な者を区別して、根器に合う修行方法を提示している。この中で劣等な者のために4

種類の信心と5つの修行方法を論じたのち、布施（施）・持戒（戒）・忍欲（忍）・精進（進）・止観の5種類の修行をする間、障碍と魔障が多ければ、その障碍と魔障をとり除く方便として大乗懺悔をしなければならないといっている。懺悔修行の必要性を提起している部分であるといえる。

 もし人が信心を修行するけれども、先世よりこのかた、あまた重罪や悪業の障（さわ）りがあるために、魔物や化物に悩乱されたり、あるいは世間の事務にいろいろと拘束されたり、あるいは病苦に悩まされたり、このような衆多の障碍がある。だからこそ勇猛に精勤して、昼夜六時に諸仏を礼拝して誠心に懺悔し、勧請随喜して菩提に回向しなければならない。常に休止しなければ、もろもろの障りを免れることができるであろう、善根が増長するからである。(10)

『起信論』のこのような体系に土台を置き、元曉は、より具体的には、五門修行の止観修行を論じる内容の中で懺悔の必要性を正確に指摘している。

 もし、このような相が魔羅が作ったようでありながらも法で治めてもむしろ去らなければ、これは自分の罪障によって起きたのであることをしるべきである。このようにして、応じて大乗の懺悔を勤しみ修めるべきである。罪がした後へ（禅）定がすべからく自ら現われる。このような障碍の相は非常に隠微にして区別し難いが、道を求めるを欲する者は知らなくてはならんべし。(11)

このように元曉は『起信論』の思想と修行の体系のもとで、実相の修

行過程においての懺悔の必要性をより明確に「このような相が魔羅が作ったようでありながらも法で治めてもむしろ去らなければ、これは自分の罪障によって起きたのであることをしるべきである。このようにして、応じて大乗の懺悔を勤しみ修めるべきである」と体験的に明らかにしている。しかし、その具体的な方法については『起信論疏』では明らかにしていない。

(2) 元曉の懺悔修行論

このような懺悔修行の必要性を礎にして具体的な修行論を提示している論書が『大乗六情懺悔』という元曉の短い著述である。この著述は短篇ではあるが、その論理的な展開と思想的構成、そして修行の具体性が卓越したものとして、元曉の宗教世界と懺悔修行論を理解するにあたって重要な論書である。

元曉は『大乗六情懺悔』の中で、我々が始まりもない昔から長い夢を見ていると言いながら、その夢から目覚めることが懺悔であるといっている。すなわち、無明が一心を遮り妄念で六道を彷徨い、苦しみの中に流転する衆生の世界を長い夢にたとえながら、このすべてのことを夢と見る夢観を重ねて思惟して、初地以上で生も死もない無生の知恵を得て長い夢から目覚めれば、本来、生死の流転はなく、ただ一心だけが本来の一如のところにあることを知り得ると説いている。

元曉は『大乗起信論』の本覚と始覚の立場から、一心の相は平等にて二つではなく、大智慧光明そのままであることを本覚だと言い、無明という不覚の作用、すなわち妄念によって生滅相が展開されるために、妄念をとり除いて本来の一心に帰る修行が必要であるとしている。ここで元曉は不覚の世界、すなわち無明による妄念に包まれて流れることを「長い夢に流れる」と表現し、また、六情懺悔の過程を長い夢から覚め

る過程にたとえて説明している。

　夢にたとえられた元曉の懺悔論は、罪業の実体にとらわれて罪を解いていく懺悔ではなく、無明により転倒された夢から覚めていく過程を説いているものであり、悟りという何らかの実体においての認識にあるのではなく、人間の誤った観念を滅ぼして仏性が現われるようにすることにあるという内容である。

　元曉の懺悔修行論は一切衆生と一切諸仏を別のものと見ていない。一切衆生の本来の本質の法性は如来の法身であり如来蔵であり、一切衆生を忘れてしまった本来の根源に戻るようにする教えの構造を持っている。このような元曉の懺悔思想を『大乗六情懺悔』の内容を流れによって帰命の必要性、大乗懺悔の原理、六情懺悔の内容、大乗六情懺悔に分けて説明する。

　①帰命の必要性

　元曉は、真理の世界に入り初めて修行しようとする者は我らの生の中で毎瞬間すべての仏様の功徳を思い、実相を思惟して業の障碍を解かなければならないという。元曉は業の障碍を除くための懺悔の大前提として、六道衆生のためにすべての仏様に帰命せよという。

　　もし法界に依りて遊行を始める者は四威儀において少しも虚しく遊ぶことがないべきであり、諸仏の不可思議な徳を念ずるべし。常に実相を思惟し業障を消滅すべきであり、普く六道のあわれな衆生のために十方の量り知れない仏に帰命すべし。(12)

　帰命というのは大乗仏教のすべての懺悔法が共通に持っている大前提である。

　元曉は『起信論疏』の中で帰命を二つの解釈で定義している。

帰命の二字は能帰の相であり、尽十方の以下は所帰の徳を現わすのである。能帰の相とは敬いしたがうという意味が帰の意味であり、向かって行くという意味が帰の意味である。命は命根を謂い、この命が身のすべての器官を統御する。一身の要諦に為りただこの命が主になり、あらゆる生き物が重要にするところ、これより先になるものがない。この二つもない命の無上の尊さを奉じて信心の至極さを表した故に帰命と言うのである。また、帰命は根源に帰るという意味である。何故ならば、衆生の六根は一心に従い起きても自らの根源を背いて六塵に散り馳せるが、今、命を挙げて六情を総摂してその本来一心の根源に帰る故に帰命と言うのことである。この帰命の対象である一心、すなわち、これは三宝である故である。(13)

この意味を整理すれば次のとおりである。第一、命というのはすべての六根を総摂する一つの身の要諦であり、これより重要なものがなく、この命をあげて仏様に帰依するというので、これは信心が至極であることを表す。第二、衆生の六根が一心から生じたのに、この一心に背いて六塵を追って散らばるが、今、六情を総摂してその根源である一心に帰ることを帰命という。鄭舜日教授は元暁が主張しているこの帰命の意味に注目して、この一単語に懺悔の始めと終り、すべてのものが入っており、六情を統摂してこの一心に帰命することこそ、元暁の懺悔論の特徴であると意味づけている。(14)

②大乗懺悔の原理

元暁は、大乗懺悔の基本原理を仏と衆生が本来他ならぬ（不異）一つでもない（非一）関係から探し出して、その一貫した内容を懺悔修行に適用して『大乗六情懺悔』を通じて表している。大乗の原理が非有非無の縁起法によるのと同じく、罪業の本性も非有非無なので縁起実相の側

面で見る時、業の本性が仏の世界と少しも違わないことを原理的に提示しているのである。

> 諸仏が異ならぬが、また、一つでもない、一つが即ち一切であり、一切が即ち一つである。留まる所がないと雖も留まらぬ所がなくて、為す所がないと雖も為さないことがない。いちいち相好といちいち毛孔が無辺の世界に偏在していて、限りない未来に繋がっている。障碍もなく、支えることもなく、差別もなく、衆生を教化するに休むことがない。何故か？ 十方と一塵、三世と一念、生死と涅槃が二つでは無く別ではなくて、大慈悲と般若を取るでもなく捨てもしないので不共法と相応する故である。(15)

　上のように言いながら、衆生の実相が仏の実相と異ならないことを提示して、一つの心である一心の世界に命を懸けて入って行く懺悔の道へ導いているという内容である。元暁の懺悔修行には一切の衆生と自身を二人と思わない同体大悲思想がこめられている。故に、元暁の懺悔修行論は個人の懺悔ではなく、一切衆生と自身が二つではない同体大悲の懺悔であり、真俗を越えてすべての教えが和合する大乗の懺悔なのである。
　元暁が大乗懺悔の方法を表している部分は『大乗六情懺悔』のうち、「而今我等同在於此（中略）当於何処得有悔法」の部分に当たる(16)。その中、具体的な懺悔の方法としては、先に事懺とする。大乗懺悔においては、先に、五逆罪と十種悪業、そしてみずからも犯し、他人にも教え、他人の悪行を見て喜ぶなど、幾多の悪業を作ったことに対して仏様の前で深く恥じ、誠心で懺悔して二度とこれを犯さないと覚悟をする。

> 我と衆生は始まりない遥かな昔から無明に酔って罪の作りが限りな

く、五逆罪と十種悪業の中で造らなかったものがなく、自らも作り、他人にも教え、他人が作るのを見ながら喜んだ。このような多くの罪が数え切れないほどであるが、諸仏様と聖賢すべて知っているところである。すでに犯した罪に対しては深く恥ずかしさを起こし、まだ作らないことは新たに敢えて作らないことである。(17)

何しろ、元曉はこのように事懺をした次には理懺の領域へ進んで、非有非無の業の実相と多くの縁の和合を仮説して業ということ、そして、縁自体にも縁を離れても業のなきことを説明している。

しかし、このすべての罪というものが実にはあるところがなく、多くの縁が和合することを仮に称じて業と名づけたので、即ち、縁自体に業はなく縁を離れてもまた業はない。縁の内にもなく、外にもなく、中間にも業はない。(18)

このように業の実際相を理懺を通じて通察して見るに、元曉は因縁和合によって臨時に生じた罪業の本性はあるのでもないのでもない（非有非無）ので、生じることがないもの（無生）と生じることがあるもの（有生）を皆得ることが出来ないために、すべての仏の世界もこれと同じだと説いている。

これはすべてのものが縁起するという仏陀の根本教理に基づいて、罪業の本性は実在しないという事実を語る内容である。元曉はまた時間性（先後）と空間的存在性（有無）とに関連づけて罪業の本無性を論破している。

過去の罪業はすでに滅っしており、未来はまだ生じなく、現在は留

まらない。犯した罪は留まらぬ故にまた生じない。先有が生じなかったので先無がどう生じるか。もし、本無及び今有がともに和合することを名づけて有生と言うならば、本無であるとする時は当に今有がなく、今有であるとする時は当に本無が成立されない。[19]

　このように因縁和合によって生じた業であるので、空間と時間的に罪業の本性が実在することができず、論理的に成立出来ないので、罪業の実相は存在せずまた業の本性も本来生ずることがない、というこの理に従って、すべての仏の世界とも同じであるという。

先後がお互い及ぶことができず、有無がお互い和合することができない。この二つの意味が和合されないのに何所に生があるか。合の意味が崩れたので散らばるも成立しない。合うこともなくて散らばることもないので、有でもなく無でもない。無である時は有がないのに、何に対応して無だとするべきであり、有の時は無がないのに、何を以って有と為すか。先後と有無が皆成立しない。当に知るべし。業性は本来から非有非無なので無生である。本来、生が有りえないのに、一体どこで生無き（無生）が有り得ようか？　有生と無生を一緒に得られず、得られぬという言葉も得られないので、業の本性がこの如くであり、諸仏も亦この如くである。[20]

　このように業の本性は本来有るのでもなく無いのでもない（非有非無）ので、この理を体得すれば、直に理懺が成就されるというのである。このような理懺が必要な理由について元曉は次のように説いている。

放逸して悔やまず恥ずかしがらず、業の実相を充分に思惟しない人

は、たとえ罪業の本性がないとしても将来に地獄へ落ちる。まるで幻の虎が幻の師を飲み込む如く。[21]

理懺、すなわち業の実相を思惟しない人はたとえ罪業の本性がなくても地獄に落ちると見るのである。

罪の自性は本来ないがその果報が今あるのは、罪業が原因なしに生じないことである。作ることも受けることもないが、時節が和合して果報をうける。もし、このように罪の実相を数々と思惟して懺悔する者は、四種の罪や五逆罪をおかしたとしても、如何に為ることがない。恰も、虚空が火に燃えない如く。[22]

このように罪業の実相を思惟する理懺をしなければ偽りの虎が偽りの調教師である師匠を飲み込むのと同じように、幻想の罪業が幻想の中で生きている衆生たちを飲み込んで地獄に落とすという。このように放逸にはまって正しく懺悔しなければより大きい咎になることを思い起こしながら、形式的に懺悔するとか無理やりに作り出して懺悔せずに罪業の実相を思惟せよというのである。[23]

五逆罪などの重罪を犯した人も悟ることが出来ると思う、この部分は元曉が『起信論疏』で大乗法を信じない者や重罪を犯したとか傲慢・怠惰者などは悟ることができないという、『起信論』の立場がそのまま取り込まれて何の注釈もなされていない[24]から、より一層宗教的・思想的に大きい変化をもたらした点は注目に値する。

このような元曉の懺悔修行体系は『起信論』の中心思想である本覚・始覚・不覚の構造と一致する。本覚とは真如の本性として生でも滅でもない（不生不滅）のである。しかし、忽然と無明の風が吹いて来て煩悩

の波を起こして、衆生を苦しみに落とす。この過程を流転と言い、この動揺する姿を不覚という。この不覚の状態から再び本覚に帰る過程を還滅というが、『起信論』ではそれを始覚と言い、その過程を四種類で表している。本来、生じることのなき（無生）罪業の本性は本覚に当たり、この本来無生のところから流転して罪業を作り苦しみを受けることは不覚である。そして、罪業に対冶して本来無生である清涼なところに帰る道がすなわち懺悔法であり、本覚へ向かう始覚にあたる。整理して見ると、理懺は本覚を直視する懺悔法であり、事懺は始覚の過程である。したがって、理懺や事懺はともに単純な懺悔ではなく、究極的に本覚へ向かう奥深い修行法であることを知り得る。

③六情の放逸に対する懺悔

一般的な大乗の懺悔では事懺と理懺の構造で懺悔が完成される形態になっている。しかし、元曉は、すべての業の障碍に対してこのように懺悔してからも、またまさに六感覚の放逸であったことを懺悔しなければならない、と追加的に要求している。[25]

すでに存在と業の実相が本来ないことを思惟してはいるが、実際、現実の中では自分と自分の物にたいする執着に縛られて罪業を形成している衆生において、追加的な懺悔の当為性は相変らず残されている。そして、この仮設された業は衆生の無明による六根作用の過ちから現われる影のようなものであるので、そのため六情を取り締まることをおろそかに（放逸）したことに対する懺悔が必要になるのである。

それに当たる部分は『大乗六情懺悔』の中で、「於諸業障　作是悔已」から「但是一心　臥一如床」までの内容であり[26]、元曉は、衆生の現実と無始以来の生死流転を長い夢に比喩しながら、六情の取り締まりを怠らない（不放逸）六情懺悔の方法をまた夢の比喩を通じて説明している。

六情懺悔は、果てしなく六道を流転している衆生の世界は長い夢のようである、と考える夢観を重ねて修めて、如夢三昧をもって生も滅もない本来のところから起こる無生忍を得て、生死流転の長い夢から覚めて本来のところである一心に帰る修行法をいうのである。
　前にみたように、元曉は大乗懺悔で罪業の実在を認めない。よって懺悔自体も認めてはならないといっている。「懺悔する罪がないのに能くして懺悔する者があると如何に云えよう？　懺悔するものと懺悔することなく、当に何処に懺悔の法がありうるか？」と説いている。このように懺悔法に対する執着さえ捨てさせる元曉は、懺悔する時には懺悔するという考えを持たずに、ひたすら懺悔の実相だけを思惟することを命じている。したがって、罪業の懺悔はありえず、六情の取り締まりを怠けたことに対する懺悔だけがあるのみ、と説いている。

　　我と衆生が無始以来に諸法が本来無生であるを解らず、妄想に倒されて我と我の物を分別し、内には六情を立ててこれに依り識を生じて、外には六塵を作り実際にあると執着するが、このようなものが、すべて自らの心が作ったところであるのを知らない。まるで影のようで、夢のようで永遠にないものだが、その中で誤って男女などの相を分別し、いろいろな煩悩を起こして自ら縛り付け、長い間、苦海にて溺れていながらも、そこから救われ来ようとは思わない。じっと考えて見ると甚だしくも怪異である。(28)

　元曉はここで罪を犯す六情に対して懺悔すべきことを明らかにしている。六情とは我々の感官である六根から起きる感情をいう。この六情によって識が起こり、色声香味触法の六塵を相対にして煩悩を起こし、またそれによって罪業を作ることになるのである。六情懺悔の要諦は六情

の本来の相を確実に通察するのである。本来、すべての存在が生じることがないことを知らず、妄想に倒されて自分と自分の物を分別し、内の六情と外の六塵が実在するという執着によって罪業は生じる。

　元暁は六情や六塵はすべて自分の心が作り出したものなので、影や夢のようである、と夢の比喩を使って説明している。このように、元暁は生死の世界に流転しながらあらゆる苦しみを受ける姿を夢にたとえながら、我が衆生の世界は長い夢の如く、無明が心を遮り妄念をもって六道を建て八苦の中で流転する[29]と説いている。したがって、元暁は、

> 内では諸仏の不可思議な薫習に因って、外では諸仏の大きい慈悲の願力に依って、信解に近くなろう。我と衆生はただ長い夢を見ることを妄りに果敢なく実と為し、(中略)、かくの如く夢と観ながらますます修めて如夢三昧を得るなり。この三昧に由って無生法忍を悟り、そして長い夢から豁然と覚めれば、直ちに、本来から輪廻して流れるものは永久になく、ただ、「一心」が「専らそのよう（一如）」である寝床に横たわっていたのみであることを知る。[30]

と、六情懺悔の過程を長い夢から覚める過程にたとえている。これは『起信論』で生住移滅の四相を夢の中の考えであると言い、また夢で川を渡るような比喩の如きであると言いながら、夢から覚めるように四相を順に悟り消滅して行くべきことを説明している、始覚四位と非常に類似した構造を持っているといえる。

④大乗六情懺悔

　元暁は『大乗六情懺悔』の前半部にては大乗懺悔と六情懺悔を区別して説明したが、末尾へきては、それらを一つに合わせて「大乗六情懺悔」という言葉に集約してまとめている。

もし、かくの如く能くして離れ数々と思惟すれば、たとえ六塵に縛られていてもそれを実在であるとは為さず、煩悩が恥ずかしく自ら怠けられないはずであるので、これを大乗六情懺悔と名づけるのである。[31]

　大乗六情懺悔という元曉の懺悔修行論は、すでに大乗の懺悔である理懺と事懺を通じて、罪業に対する懺悔と罪業の実相に対する思惟を修めて大乗の懺悔を完成したが、現実の領域では、また一人一人が六情を取り締まることができなかった実状と、六情を取り締まり治めなければならない必要性を、その以前の理懺と事懺の次元を超えた、また他の次元での懺悔の具体的な実践方法をいっているのである。
　一般衆生は普通の場合、無明と業障に遮られて自分の本来の姿を分からないので、その業障をとり除くために懺悔を要する。しかし、その懺悔の出発点は必ず菩提へ発心して大乗の懺悔法に土台したのちに六情懺悔をなすようにするのである。そのような意味から、元曉の懺悔は大乗の懺悔に土台した大乗六情懺悔の修行方法をいっているのである。
　元曉の六情懺悔は当時に行われた占察教法の懺悔行を実践して、これを『大乗六情懺悔』として整理したように見える。この占察教法は円光法師の帰戒滅懺する懺悔行、すなわち『占察経』の懺悔行を受け入れて元曉自身の懺悔行として展開したものが、後代の真表にいたって占察懺悔の教法として発展したのである。[32]このような過程の中で現われた元曉の六情懺悔は、やや祈福的で民衆的な占察法を大乗の懺悔の中の一つとして位置づける役目をしているのである。
　元曉において修行の核心課題は、一心を中心にした悟りの問題であり、本覚で帰ることが修行の要諦である。元曉の懺悔修行論はこのような要諦を成すための重要な方法論であり、それ自体で完全な一つの修行体系

として見ることが出来る。

3　元曉懺悔修行論の批判的検討

『大乗六情懺悔』を通じて元曉の懺悔修行論を考察したが、このような元曉の懺悔論を何種類かの観点から批判的に検討して見よう。

第一、『大乗六情懺悔』を通じて現われた元曉の懺悔修行論は彼の著述のかなり多くから見られる。鄭舜日は、元曉の『金鋼三昧境論』『無量寿経宗要』『大乗起信論疏』から懺悔行が散見され、元曉が自身の宗教体験を『大乗六情懺悔』として整理したのであると見ている。このような指摘をうけて彼の思想的進化過程や、実際の体験的な懺悔修行の必要性を言及している部分をよく見る時、実際に修行者として体験しなくては指摘することの出来ない具体的な面があることに気づく。したがって、元曉の『大乗六情懺悔』は彼の実質的な修行体験が色濃く反映された懺悔修行論であるという点では非常に意味深いといえる。

第二、大乗は教法の理論的な側面では門戸を広げたが、その門戸を広げる思想的な整理過程において、多少ながら思弁のみにかたよった面がある。特に、大乗の教えでは事懺と理懺の構造をもって懺悔の修行体系を完成したが、理懺の場合には相変らず理論的な面が強く残っている。ここに六情懺悔を大乗六情懺悔の境地に引き上げて、より高い次元ながらも実践的な懺悔修行をなすようにするのが、元曉の懺悔修行論であるといえる。

第三、元曉は懺悔の必要性を説く部分で、修行者が修行を妨げる業障をとり除くための方法として懺悔修行の必要性を提起している。業障の現われとこれの除去というのは、一面、修行の過程で当然に出会う過程として見られる。しかし、これを一般人の生に適用して考えて見ると、懺悔というものが、自分の生に現われた業障の障碍を除去縮小するため

の方便にもなるという側面がある。しかし、他の側面から考えて見れば、真正な懺悔になったら業障の除去と縮小だけを目的とするよりは、業障をそのまま収容する心の態度を持つのが正しいはずである。真正な懺悔を通じて結果的には業障は消滅あるいは縮小されるものの、それよりも業障の除去と縮小を目的とせず、業障をそのまま収容して受け入れられる修行者の姿勢も明らかにするべきであった、と思う物足りなさがある。よりもっと積極的に、ひいては本人の業障だけでなく、他人の苦しみも代わりに受けようとする菩薩の代受苦、あるいは代理苦までもとりあげたらという心残りがある。

　第四、元曉が六情の懺悔に触れる部分で、現在の生を長い夢にたとえているが、この内容は原理的には理解しながらも心情的に受け入れられない。はたして、如夢三昧のような論理が現代あるいはその頃の一般民衆に受け入れられたとは考え難い。現実を夢と見る消極的な懺悔の方法ではなく、より現実の中で具体的な実践行と報恩行を通じたより次元の高い価値を実現していく懺悔修行を実践する、積極的な懺悔論が見えないことは惜しいと思う。もちろん、六情懺悔は当時の民衆が行った占察法を大乗的に発展させた法であるため、当時としては画期的な着眼であったともいえるが、現在の視点で眺めると多少ながら不十分さが残るところである。

　第五、元曉の懺悔修行論では具体的な懺悔儀礼が発見されない。もちろん、歴史的に考証して見れば、当時、仏教儀礼の中で占察法のような具体的な懺悔の儀礼があったと思う。しかし、元曉の懺悔修行論には儀礼的な面が明確に現われないという不十分さがある。思想的な面をあまりにも重要視すると、微弱になる部分が儀礼であるといえる。虚礼にならずに懺悔の意味を明確に現わすことができる儀礼が必要である。現代の仏教でも懺悔の儀礼はさほど重要な位置に置かれずにいる。さまざま

な仏教儀礼が一般人を容易に参加させるように、懺悔儀礼も慣れていない人たちを懺悔修行に導く役割を担うことが出来ると思う。したがって、懺悔の修行的必要性と宗教的位相を考えながら、より敬虔な儀礼の中で懺悔修行がまともに位置を得られるように方法を模索しなければならないと思う。

　第六、現代社会に生きる個人は個人としての生のみならず、社会組織の一員として生きている。過去にも社会組織の一員として生きていた点は同じであるが、現代人の生は組織・団体ひいては国家という巨大組織の中で、より複雑な関係で繋がっている。したがって、一人個人の行為がその個人の責任だけではなく、社会組織の責任になる場合が多く発生している。懺悔という宗教修行が極めて個人的な面もあるが、社会の複雑性や組織の関係性・複雑性などを考えると、組織と団体、そして国家の懺悔も構想されなければならない、という考えもできる。元曉の時代には考慮すべき問題ではなかったかも知れないが、現代においては深く悩まねばならない問題であるため、元曉の懺悔修行論を、個人の領域だけにとどまらせるより複雑な社会組織においても活用出来るように拡大発展させる必要がある。

結　論

　本稿は、仏教の信仰と修行が一般人の生の中で、日常の領域に位置づけられるためには、特殊な状況よりは一般的な状況の中で、その宗教的な意味が現われなければならないという着想から始まった。ゆえに、仏教修行が怒りの治癒という側面で作動することも意味あるが、視角を異にして一般人が普通の生を暮らしていく時、彼らの生で現われる業障をとり除き、ひいては彼らの心を浄化するのに必要な宗教的修行が必要であると考える。その中で、効果的な方法がまさに懺悔修行であると見た

のである。

　本稿では、このような宗教的な懺悔修行論を比較的その原理と方法においてよく明らかにしている、元曉の『大乗六情懺悔』という著述を中心にして懺悔修行論を批判的に検討してみた。元曉の懺悔修行論は当時の大乗懺悔法の理論に基づきながらも非常に実践的・体験的であり、一般民衆の懺悔法をより高い次元に導いている側面があるという点を確認した。しかし、元曉の懺悔修行論のみならず、既存の宗教伝統の懺悔は現時点において、多くの変化を必要とする部分があるという点を指摘しなければならなかった。

　現時点で元曉の懺悔論を含んだ仏教の懺悔修行論を批判的に検討してみれば、懺悔修行論の大乗的な意味の現われる面がある一方、多少不十分な面もいくつか発見される。

　本稿では、それらを６つの観点から指摘しているが、指摘した内容に基づいて、より新鮮で敬虔な仏教的懺悔修行と儀礼を用意して、それを社会的に普及させるのが重要なことだと思う。また、懺悔修行を宗教人の特定の文化ではない、一般社会人の日常文化にして行くことが、仏教が個人と社会の治癒のために寄与することのできる重要な役目であると思う。

【注】
（１）　加部富子「瞋恚の捨断と慈しみについて」『駒沢大学大学院仏教学研究年報』東京：駒沢大学大学院仏教研究会、2007年；金宰晟「초기불교의 분노와 치유（初期仏教の怒りと治癒）」『非暴力研究』第４号、ソウル：慶熙大学校非暴力研究所、2010年；李慈朗「계율에 나타난 분노의 정서와 자애를 통한 치유（戒律に表れる怒りの情緒と慈愛を通じた治癒）」『韓国禅学』第28号、韓国禅学

会、2011年。
（２）　三種懺悔は作法・取相・無生懺悔である。作法懺悔は経と論に規定されている作法に従って、その罪の過ちを告白して二度と犯さないとする懺悔法である。取相懺悔は観相懺悔ともいうが、禅定に入って懺悔を思いながら仏様を観（極々と思う）すれば仏菩薩が参り頂門を撫でながら授記を与えることで懺悔を成就することである。無生懺悔は心を正しくして、身嗜みよく座り、無生無滅の実相を観して罪の本性が無生であることを悟るのである。このうち、前者二つは事懺であり、無生懺悔は理懺にあたる。
（３）　「我昔所造諸悪業　皆由無始貪瞋痴　従身口意之所生　一切我今皆懺悔」を事懺偈と言い、「罪無自性従心起　心若滅時罪亦亡　罪亡心滅両倶空　是則名謂真懺悔」を理懺偈という。
（４）　イ・グァンジュン『仏教の懺悔思想史』ウリ出版社、2006年。
（５）　懺悔の利益を現わしている『大乗本生心地観経』では懺悔の利益を「もし能くして法に適えて懺悔すれば煩悩がしばらく間に除去される。①懺悔は充分に煩悩の焚き物を燃やし、②懺悔は能くして天上に生まれ、③懺悔は能くして四禅（いつも楽しみだけがある四禅天に生まれ）の楽しみを得させ、④懺悔は摩尼宝珠（災いをなくすなど願うことを成してくれる宝玉）を下ろし、⑤懺悔は能くして金剛の寿命を増やし、⑥懺悔は能くして常楽宮に入らせ、⑦懺悔は能くして菩提の花を咲かせ、⑧懺悔は能くして三界の監獄を脱し、⑨懺悔は能くして仏様の大円鏡智（円満で明らかな知恵）を見せて、⑩懺悔は能くして宝所（涅槃の境地）にいたらせる」と、10種類に現わしているが、極めて個人的な領域にだけ当たる。
（６）　ラインホールド・ニブエル著、イ・ハンウ訳『道徳的な人間と非

道徳的な社会（*Moral Man and Immoral Society*）』ソウル：文芸出版社、2004年。

(7) 『起信論』（大正蔵32、580頁 c）「能止方便 謂漸愧悔過 能止一切悪法不令増長 以隨順法性離諸過故」。翻訳は古賀英彦『訳註大乗起信論』（思文閣出版、2002年、178〜179頁）による。

(8) 『起信論』（大正蔵32、580頁 c）「謂勤供養礼拝三宝 讃歎隨喜 勧請諸仏 以愛敬三宝淳厚心故 信得増長 乃能志求無上之道 又因仏法僧力 所護故 能消業障 善根不退 以隨順法性 離癡障故」。前掲古賀書、179〜180頁。

(9) 不定聚衆生とは三定趣の一つである。進んで涅槃にいたるか退歩して悪聚に落ちるか決まってない衆生をいう。三定趣とは正定聚・邪定聚・不定聚であり、正定聚は見惑を断じて必ず涅槃にいたる衆生、邪定聚は五逆罪を犯して必ず地獄に落ちる衆生をいう。

(10) 『起信論』（大正蔵32、582頁 a）「若人雖修行信心 以従先世来多有重罪悪業障故 為邪魔諸鬼之所悩乱或為世間事務種種牽纏 或為病苦所悩 有如是等衆多障碍 是故応当勇猛精勤 昼夜六時 礼拝諸仏 誠心懺悔勧請隨喜 廻向菩提 常不休廃 得免諸障 善根増長故」。前掲古賀書、210頁。

(11) 『起信論疏』（『韓国仏教全書』1、731頁下）「若此等相雖似魔作而用法治猶不去者 当知因自罪障所発 則応勤修大乗懺悔 罪滅之後 定当自顯 此等障相甚微難別欲求道者不可不知」

(12) 『大乗六情懺悔』（『韓国仏教全書』1、842頁上）「若依法界始遊行者 於四威儀無一唐遊 念諸仏不思議徳 常思実相銷業障 普為六道無辺衆生 帰命十方無量諸仏」

(13) 『起信論疏』（『韓国仏教全書』1、700頁上）「帰命二字 是能帰相 盡十方下 顯所帰徳 能帰相者 敬順義是帰義 趣向義是帰義 命謂命

根 総御諸根 一身之要 唯命為主 万生所重 莫是為先 挙此無二之命 以奉無上之尊 表信心極 故言帰命 又復帰命者還源義 所以者 衆生六根 従一心起 而背自原 馳散六塵 今挙命総攝六情 還帰其本一心之原 故曰帰命 所帰一心 即是三宝故也」

(14) 鄭舜日「大乗六情懺悔考」金知見編『元曉聖師の哲学世界』大韓伝統仏教研究院、1989年、397頁。

(15) 『大乗六情懺悔』(『韓国仏教全書』1、842頁上)「諸仏不異而亦非一 一即一切一切即一 雖無所住而無不住 雖無所為而無不為 一一相好一一毛孔 遍無辺界盡未来際 無障無碍無有差別 教化衆生無有休息 所以者何 十方三世一塵一念 生死涅槃無二無別 大悲般若不取不捨 以得不共法相応故」

(16) 『大乗六情懺悔』(『韓国仏教全書』1、842頁上中下)

(17) 『大乗六情懺悔』(『韓国仏教全書』1、842頁上中)「我及衆生無始以来 無明所酔作罪無量 五逆十悪無所不造 自作教他見作隨喜 如是衆罪不可称数 諸仏賢聖之所証知 已作之罪深生慚愧 所未作者更不敢作」

(18) 『大乗六情懺悔』(『韓国仏教全書』1、842頁中)「亦此諸罪実無所有 衆縁和合仮名為業 即縁無業離縁亦無 非内非外不在中間」

(19) 『大乗六情懺悔』(『韓国仏教全書』1、842頁中)「過去已滅未来未生現在無生 故所作以其無住故亦無生 先有非生先無誰生 若言本無及与今有 二義和合名為生者 当本無時即無今有 当今有時非有本無」

(20) 『大乗六情懺悔』(『韓国仏教全書』1、842頁中)「先後不及有無不合 二義無合何処有生 合義既壊散亦不成 不合不散非有非無 無時無有対何為無 有時無無対誰為有 先後有無皆不得成 当知業性本来無生 従本以来不得有生 当於何処得有無生 有生無生俱不可得

言不可得亦不可得　業性如是諸仏亦爾」
(21)　『大乗六情懺悔』(『韓国仏教全書』１、842頁中下)「如其放逸無無愧　不能思惟業実相者　雖無罪性将入泥梨　猶如幻虎還呑幻師」
(22)　『大乗六情懺悔』(『韓国仏教全書』１、842頁中)「本無今有　非無因生無作無受　時節和合故得果報　行者若能数数思惟如是実相而懺悔者　四重五逆無所能為　猶如虚空不為火焼」
(23)　『大乗六情懺悔』(『韓国仏教全書』１、842頁下)「作是悔時莫以為作　即応思惟懺悔実相」
(24)　『大乗起信論疏記会本』(『韓国仏教全書』１、782頁下)「重罪業障　我慢懈怠　如是等人　所不能入」
(25)　『大乗六情懺悔』(『韓国仏教全書』１、842頁下)「於諸業障作是悔已　亦応懺悔六情放逸」
(26)　『大乗六情懺悔』(『韓国仏教全書』１、842頁下〜843頁上)
(27)　『大乗六情懺悔』(『韓国仏教全書』１、842頁下)「所悔之罪既無所有　云何得有能懺悔者　能悔所悔皆不可得　当於何処得有悔法」
(28)　『大乗六情懺悔』(『韓国仏教全書』１、842頁下)「我及衆生無始以来　不解諸法本来無生　妄想顛倒計我我所　内立六情依而生識　外作六塵執為実有　不知皆是自心所作　如幻如夢永無所有　於中横計男女等相　起諸煩悩自以纏縛　長没苦海不救出要　静慮之時甚可怪哉」
(29)　『大乗六情懺悔』(『韓国仏教全書』１、842頁下)「無明覆心妄作六道　流転八苦」
(30)　『大乗六情懺悔』(『韓国仏教全書』１、842頁下)「内因諸仏不思議薫　外依諸仏大悲願力　髣髴信解　我及衆生　唯寝長夢妄計為実　違順六塵男女二相　並是我夢　永無実事何所憂喜何所貪瞋　数数思惟如是夢観漸漸修得如夢三昧　由此三昧得無生忍　従於長夢豁然而覚　即知本来永無流転　但是一心臥一如床」

(31) 『大乗六情懺悔』(『韓国仏教全書』1、843頁上)「若離能如是数数思惟 雖縁六塵不以為実 煩悩羞愧不能自逸 是名大乗六情懺悔」
(32) 李起雲「天台の六根懺悔と元曉の六情懺悔」『東西比較文化ジャーナル』第15集、韓国東西比較文化学会、2006年、123～125頁参照。
(33) 鄭舜日「大乗六情懺悔考」金知見編『元曉聖師の哲学世界』大韓伝統仏教研究院、1989年。
(34) 金遠泳「元曉の懺悔思想」『韓国仏教学』16輯、韓国仏教学会、1991年、364頁。元曉は『起信論疏』では懺悔をしてもどうすることもできない五逆罪などを別途に置いた。しかし、『無量寿経宗要』および『大勝六情懺悔』では五逆罪人も大丈夫であるという。このような点は元曉の大きな思想的進化像の一面と見える。
(35) 村岡潔「病と代理苦」『圓仏教思想と宗教文化』第31集、圓仏教思想研究院、2005年。
(36) 全地球的な環境危機、エネルギー危機の問題と同時に、国家間の紛争などの問題、このような事柄に関することは個人の懺悔を超えたより大きな次元の懺悔が必要である。

〔付記〕 本研究は2102年度、圓光大学校の校内研究費支援によって遂行されたものである。

鎮める学習への転換

白石克己

[要旨]「癒し」はどんな教育問題を提起するのか。とりわけ生涯学習の支援という関心から「癒し」とはなにか。ここでの論点は戦前も戦後も正当化されてきた「煽る学習」に代わる「鎮める学習」への転換である。なぜか。仏教が教える「生老病死」はいつの時代も、各人の生涯各期にわたる課題である。しかし、近代公教育制度はこれに目を向けず教育問題と考えてこなかったからである。「学校式教育」は政府や国民によって階層の上昇移動として利用されたし、社会教育も家庭教育も立身出世主義を補完してきたからである。企業や役所でも上昇志向を是とし競争を正当化してきた。

しかし「自殺者3万人」問題に代表されるように、生涯各期に煽られる学習に苦しんでいる人びとがいる。したがって、「鎮める学習」への転換によってあらためて「善く生きる」学習こそ必要である。その意味で椎尾辨匡の「全生教育」は生から死へといたる人生、その人生を受け継いでいく後生に「善く生きる」学習の意義を教えている。

は じ め に

「癒し」はどんな教育問題を提起するのか。とりわけ生涯学習の支援という関心から「癒し」とはなにか。癒しの問題は宗教問題とされても教育問題としては戦前も戦後もとりあげられなかった。児童・生徒・学生・社会人を勉強へと煽るのが教育問題であったし、今も変わらない。

しかし私たちはたんに生きるのではなくあらためて「善く生きる」ことを考えるならば、癒しの問題は避けて通れない。「自殺者3万人」問題に代表されるように、生涯各期に競争に煽られ苦しんでいる人びとがいるからである。それは中高年の問題ではなく、中年期へといたる幼児期から潜んでいる問題であり、高齢期へと続く問題である。「死生教育」も低調になった今、生涯にわたる学習のありようを「鎮める学習」という関心から検討しなおす必要がある。

1　「生老病死」と「自死」

　たんに生きるのではなく、「生きることの質」（QOL）、「善く生きる」ことを考えるならば死生の問題は避けて通れない。「生」は結局は「死」で終わるからである。

　私たちの人生は粗くいえば死ぬために生きる。比喩的にいえば、私たちの人生行程は生まれ出たとき毒入りのケーキを100個ほど贈られ、毎年、一個ずつ食べていくような過程である。運がよければ100歳まで生きることはできるが、思いがけずに途中で毒にあたることもある。しかし、毎日、少しずつ毒入りケーキを食べ続けていることには変わりがない。ただ病気や事故などに遭わないかぎり自覚しないだけである。時には生きている最中に死を選ぶ人もいるほど、生は死と間近にある。しかし私たちはこの死を避けて通ろうとする。学校教育でいえば「生きる力」（現行の小学校『学習指導要領』など）がスローガンとされるが、かつてなかったような子どもの自殺が起こっている。死にいたるいじめの問題もある。

　人生について、パスカル（B. Pascal）の辛辣な比喩を借りよう。私たちはみな死刑の宣告を受け、毎日、仲間の死刑を見つつ、「希望もなく、悲しそうな顔と顔とを見合せながら」(1)自分の順番が来るのを待つ人生を

歩む、というわけである。

　仏教はこの人生を「一切皆苦」と説明している。「生老病死」である。なかでも病気は自分の日常的な生活を遮断される苦悩である。病気はそれ自体の短期的な苦痛にとどまらない。病気の原因となった自分の習慣や欲望を抑制したとしても終わらず、病気が招く自分の将来への不安も生じる。のみならず、その不確かな不安は自分を支える家族や同僚・知人などのサポーターへの、現在や将来への不安にも連動する。こうして「病」という苦は増幅させられ自分には制御しがたい苦悩となる。病気は時に老いや死も身近に感じさせる。したがって、「生老病死」の「生」は生まれることへの不安のみならず、「生きていく」過程自体が苦である、という人生観に導かれる。

　宗教問題には深入りせず西欧の歴史観を分析した市井三郎の結論も「苦」であった。だから、「苦」の軽減の理念を提案した。

　市井は「進歩」を信ずる歴史観、とりわけその規範的基準を分析し、「快」の増大を目指す基準は普遍的価値として無理があるとする。なぜならば「人間の歴史的・社会的生活において、より普遍的に経験されているのは、『苦』の方であって『快』ではない」(2)からである。したがって、成員の多数の幸福を増大させることを目標とする功利主義のような試みは、幸福の分け前にあずからない別の人間の、別の苦痛を増大させるから、解決にはならない。代わって問題解決の方向はこの人間史を180度転換させ、「苦痛」の軽減や除去の方向を指示する。

　その普遍的な倫理的価値理念とは何か。市井は「各人の責任を問われる必要のないことから受ける苦痛を、除去しようとする欲求」(3)とする。この関心から今後の人間の課題として「不条理な苦痛」の軽減を提案する。もちろん軽減の試みには創造的な苦闘が必要であるとの指摘も忘れない。

たしかに、生涯にわたる学習という関心から見てもこの「苦」、精神的な苦悩は避けて通れない課題である。もちろんこの苦痛や苦悩、病気や老いにかかわる苦痛はそれに対峙することによってかえって善く生きる機会となることはある。病気の予防や老いの自覚など新たな学習課題が見つかり、それを克復する機会が得られるからである。しかし、この苦悩が死にまで追いやる現実が進行していることも事実である。とくに働きざかりの中高年の自殺（自死）が問題化している状況がみられる。

　近年、わが国の自殺者は増加傾向にあり、1998年（平成10年）以降、年間自殺者数は3万人を上回り、「自殺者3万人時代」ともいわれる。2012年については、内閣府・警察庁調べで3万人を下回ったものの、ほぼ15年に及び、3万人を下らない数値を示してきた。交通事故死者が近年、5千人を下回っているから、年間自殺者数は不慮の交通事故の約6倍に上ることになる。避け得ない事故ではなく、みずから死を選択せざるをえない人がそれほど多いのである。

　こうした状況に対処すべく政府は、2006年に『自殺対策基本法』を制定し、これに基づき『自殺総合対策大綱』を定め国をあげて自殺の防止を図るとともに、その親族等に対する支援の充実を図ってきた。それにもかかわらず「自殺者3万人」は変わらなかった。そこで2012年に、政府はすでに策定した『自殺総合対策大綱』を見直し、『自殺総合対策大綱──誰も自殺に追い込まれることのない社会の実現を目指して──』を閣議決定したほどである。この新しい大綱は「自殺死亡率」（人口10万人当たりの自殺による死亡率）が欧米の先進諸国と比較して突出して高い水準にあることを認めている。

　ここで見逃してならないのは「自殺者3万人」といっても、3万人の死はその親族など関係する遺族にも大きな苦悩を及ぼすことになる点である。しかもしばしば「自死遺族」はその苦悩を他人に打ち明けられな

い。また「自死遺児」は親などの死がその将来にわたって影を落とす機縁になりかねない。遺族たちは生き残ったことに罪悪感を感じるいわゆるサバイバーズ・ギルト（Survivor's guilt）に陥りかねないこともわかってきた。

　自殺の要因は「動機不明」も多いが、2012年の『自殺総合対策大綱』はその副題にあるとおり、自殺が本人の自由意思によって選んだのではなく「その多くが追い込まれた末の死」である。統計的には「健康問題」や「経済・生活問題」などが多い。年齢別では中高年の男性の割合が高い。働きざかりの男性がうつ病やアルコール依存症等の精神疾患に陥ったり、多重債務に追い込まれたりするケースが多い。また、高齢者の自殺死亡率は低下傾向にあるものの、新たに若年層、学生・生徒の自殺者の数が増えている傾向も指摘されている。高齢期だけではなく、人生の道程を「生老病死」という視点で見る必要がここにもある。

　ここではミドル・クライシスに注目しよう。年齢別自殺者数では50歳代から30歳代までの働きざかりの勤労者、中年期が半数を占め、死に追いやられているからである。中年期は生涯各期においても心理・社会的危機の年代である。

　第1に、中年期からは自分自身の肉体的衰えも自覚され、病気や心身の不調が始まる。生活習慣病はかつて「成人病」ともいわれたように、中年期に集中する。女性の更年期障害は従来からわかってきたが、近年は男性の更年期障害も認められている。閉経のような明確な身体の変化はなくとも、男性ホルモンの減少は生理的機能の低下、生きる意欲の減退などの症状が見られる。もちろん、この肉体的な衰えは、次に述べる仕事上のストレスや家族間問題などが密接に関わっている。

　第2のミドルクライシスは「働きざかり」と呼ばれる裏面の難所である。勤労者には昇進もあるが降格もある。企業では社内出世競争や人間

関係のトラブルが避けられない。ことにわが国の職場のモラールは社員の業務実績よりも人間関係の良好さを評価する傾向がある。そこでは「智に働けば角が立つ」ので、同僚や上司・部下との親密度が重視される。これがストレスの主因となる。また、企業では本人の意思とは関係なく配置転換、転勤、出向などがあるので、獲得してきた自分の役割、働きがいの変更を余儀なくされる。

この勤労者の危機はこれを雇用する企業の危機でもある。とりわけ圧倒的に多い中小企業の命運は、経営者だけではなく従業員にとっても危機的である。経営者の失敗や甘い見通しが、債務不履行を招き自己責任として金融機関や世間から追及されることがある。しかし、経済のグローバル化や景気低迷にともなう企業危機は、経営者や従業員にとって「責任を問われる必要のないことから受ける苦痛」である。

企業倒産という会社の「死」は広く従業員・その家族の死への危機と隣り合わせである。企業の「死」は金融機関にとっても経済的損失である。したがって、悪徳企業でないかぎり、志をもって起業した中小企業の再建は社会的にも要請される。企業救済は「人間への救済」にも通じるのであるという村松謙一による問題提起もある[4]。

第3のミドルクライシスは家族間の危機である。本人の問題は当然、その家族・子ども、その両親の世代にも影響を及ぼす危機となる。

家族を形成するスタートとなる結婚はかつて経験したことのない意思決定であり、結婚生活は初めて親の保護から離れる転機である。出産・育児の喜びを味わっても、子どもの成長には病気や事故がつきものである。子どもが成長すれば、いじめや不登校などの問題行動や進学問題は避けられない。仕事の忙しさとも重なり夫婦や子どもの問題にも悩まされる。これらの難題のため夫婦の愛情の破綻もめずらしくない。

退職後にも人生の難所が待っている。退職はそれまでの社会的役割が

一挙に喪失するから大きな不安要因となる。「空の巣症候群」や「濡れ落ち葉」などといわれる難所がある。しかも、退職期には子どもたちが就職や結婚を機に独立し、代わりに、高齢夫婦だけの家庭生活が再出発する時期である。高齢夫婦の両親の健康不安、介護などの問題も加わる。かつて経験した家族団欒の喜びは失われていく。さらに知人との離別、配偶者との死別も待っている。

　働きざかりの自殺はこのような生涯発達にともなうミドル・クライシスが一般的要因となって、健康問題、経済問題などが引き金になっているのである。

　ところで興味深い統計がある。裁判所が交通事故などで人が亡くなった時、賠償額を算定する際に用いる「逸失利益」という発想での統計である。2010年の推計では、自殺とその予備軍となりうるうつ病がなくなった場合の経済的便益（自殺やうつによる社会的損失）の推計額は、2009年の単年度で約2.7兆円に達するし、2010年でのGDP引き上げ効果は約1.7兆円になる[5]。

　自殺の問題を金銭の問題に換算することは死を侮る取り扱いかもしれない。「生老病死」の問題は経済合理性に勝る問題である。しかし、政府が『自殺対策基本法』や『自殺総合対策大綱』によって問題を本当に解決しようとするならば、予算措置などの対策も欠かせない。経済合理性の問題としても俎上に上げないと、生産的な解決、具体的な予防対策に導びかれないことも現実である。財政出動のように早期の効果は期待できないとしても、自殺やうつ病をなくすことは経済的便益ももたらすという発想のほうが手をこまねいて死や病気を傍観するより善いであろう。倒産を避け会社再建にあたる先の村松謙一も、弁護士として「金融円滑化法」を活用して債務の返還を銀行などが待つ、返済猶予を国も銀行に促すなどの措置が企業倒産を避け企業再建への道筋となると主張し

ている。万一、自殺者が出たケースでも、その人の「遺志」を家族や金融機関が尊重して再建への合理的計画を立てている。

2 「生のパラドックスを貫く」

　このように、私たちはさまざまな難所を通過して生き、死を迎えるという人生行程をとる。このさまざまな難所に耐えられず死を選んだり、逆に難所を避けてとおったり、要するに呻吟して生きていくことになる。しかしながら、というよりも、だからこそ、私たち人間はこの命の行程を精一杯生きることを目指す。「死」が避け得ないとしても、その間は、少しでも健康に暮らし少しでも長寿でありたいと念じる。現実が苦しければ眼を背けたいが、未来に期待をもちたいのも人間の心情である。死を目指す、しかし善く生きつづけようとする——これを「生のパラドックス」とよぼう。私たちはこの「生のパラドックス」に焦燥感をもつが、引き受けないわけにはいかない。

　「生のパラドックス」を受け容れることは困難ではある。

　特に私たち日本人は桜を愛好しその過程に人生を読み込んできたが、古来、散る桜に人生の悲嘆や死を共鳴させてきた。たとえば、満開の桜で春を迎える喜びを享受するとともに、勢いのある桜の霊力が疫病などをもたらすことを恐れ「花鎮めの祭り」も続けてきた。古今和歌集の歌人たちは咲く桜を愛でるとともに、散る桜から無常観を引き出してきた。江戸歌舞伎の流行とともに「花は桜木、人は武士」(「仮名手本忠臣蔵」)と、諺のように散る桜の美しさを武士の潔さ、死の覚悟に譬えてきた。明治政府が成立すると、戊申戦争、日清・日露戦争の忠魂のために各地に華やかに散るソメイヨシノを植え、桜色の襟章を付けた歩兵に「散兵線の花と散れ」(軍歌「歩兵の本領」)と教えた。太平洋戦争の時には戦友を「同期の桜」とよび「咲いた花なら散るのは覚悟　みごと散りま

しょう国のため」と歌った。国家主義は桜花の散る潔さを称賛したのである。

現在の自殺者の多さもこのような散る桜を称揚する歴史的・文化的な影響があろう。多重債務などの責任をとって自死を選ぶのは武士の責任のとり方を思い起こさせる。

しかし、この戦時中に桜を大和魂の権化に譬えた人物と称賛された本居宣長は、その称賛とは裏腹に咲く桜を愛していた。「桜花三百首」余りを詠み、みずから歌集『枕の山』(6)を編んだほどである。春の桜だけでなく四季の多彩な桜が歌われる。44歳、61歳の自画像には山桜を添えてもいた。さらに「遺言書」(7)でみずから付けた後諡(のちのな)も「秋津彦美豆桜根大人(あきづひこみづさくらねのうし)」と「桜」になぞらえ、そのうえ奥墓には立派な山桜を植えよ、枯れたら植え替えよと細かく指示しているほどである。

『玉勝間(たまかつま)』には「花はさくら、桜は、山桜の、葉あかくてりて、ほそきが、まばらにまじりて、花しげく咲たる」(8)は浮世のものとは思われないほど鮮やかであると詠む。嵩に懸かって吉田兼好を批判する。「桜は盛りに月は隈なき」がよいという世評を批判した点に反駁して書く——花が散るような風を待つ人はいない、人の真心に反している、それは「つくり雅び」だ、と。(9)さらに、兼好法師が40歳にならないうちに死ぬのが見苦しくなくていいと書いているのは仏教の教えに惑わされた主張だ、人の真心に早く死にたいという思いはない、命を惜しまない人などいない、と反駁する。

宣長は武士の潔い死とされる切腹の習わしも否定する。大切な一命を失い、父母妻子の嘆きを招くからである。この主張は一般論として公刊した文書ではなく、紀州藩主・徳川治貞宛に書いた文書、いわゆる『秘本玉くしげ』(10)にある。天明の一揆や打ち壊し等社会不安が見られた状況にあって、封建領主に直接、追腹や殉死の禁止を訴えたものである。

したがって、宣長によれば「花は桜木、人は武士」や「散兵線の花と散れ」などという物言いは否定される。散る桜と人間の死との類比を宣長は主張しない。こうした悲壮美の象徴としての桜は特殊な歴史的・社会状況での、特異な判断であった。むしろ、鮮やかに光る山桜の葉や花に生命の輝きを感じ、還暦の祝いに山桜の絵を添えたのであった。もちろん宣長は、後述するように、死が人間に不可避でそれを理屈で納得することもできず、ただ「哀しむ」しかないと考えた。しかし桜は来年も咲いてくれる未来への期待の象徴でもあった。「生のパラドックス」を貫け、と宣長は論ずる。

　「生のパラドックス」の受容は困難ではある。しかしそれを自覚するならば、善く生きることへの機縁にもなる。その実例を生死の境である限界状況でも生を肯定した精神医学者のＶ・Ｅ・フランクルの記録をとりあげよう。彼は第２次世界大戦のおりアウシュヴィッツなどの強制収容所でこの世にあって地獄のような苦しみを経験し、奇跡的に生還することのできた人物である。

　このフランクルの記録によれば、収容所では「繊細な性質の人間がしばしば頑丈な身体の人々よりも、収容所生活をよりよく耐え得たというパラドックス」[11]が見られた。死と隣り合わせの状況では精神の自由と心の豊かさを保つ人が、絶望に耐え生き抜くことができた。いつ殺されるともわからぬ限界状況のもとで、人びとは過酷な労働や栄養失調や伝染病や悪天候のために死に追い込まれた。しかし「頑丈の身体」よりも「繊細な精神」を善く生きることを促した。フランクル自身も生きているかどうかもわからぬ妻の面影を生き生きと想像することによって勇気づけら、生き抜くことができた。

　逆に、この過酷な状況のもとで絶望のあまり亡くなった事例を紹介する。なんの根拠もなく５月30日に解放されるという夢をみた仲間のＦは、[12]

その日が近づいても解放の情報が入らないため発病し、ひどい譫妄状態に陥り5月31日には亡くなった。直接の死因は発疹チフスであった。しかし希望を失い絶望に陥り身体の抵抗力が急激に低下したためだとフランクルは分析する。なぜならこれを裏付けるような死が収容所に見られたからである。すなわち1944年12月から1945年の新年にかけて多数の死者が出た。その理由は過酷な労働条件でも劣悪な健康状態でも悪天候でも伝染病でもなく、クリスマスには解放されるかもしれないという期待が裏切られ、失望したからだという。換言すれば、限界状況では絶望せずに未来に期待をつなげることができる人間が生き抜くことができた。[13]

　この「繊細な精神」を支えるのは宗教的な関心、宗教的な感覚でもあった。新たに収容所に入った人々は「宗教的感覚の活発さと深さ」に感動しないわけにはいかなかった。「一寸とした祈りや礼拝」を含め宗教的な関心が無感覚、無感動に陥らないよすがになった。[14] また、わずかに残ったこの「繊細な精神」は、荒涼とした環境にあって苦役に服し死んだように疲れた仲間に、沈みゆく日没の感動的な光景を見逃さないように知らしめる力にもなった。[15]

　このように、フランクルによれば、生死を分ける重要な指標は絶望的な限界状況でも内面的に崩壊せず未来への期待を持続しつづけることであった。逆に絶望はまさに「死に至る病」であった。市井三郎のいう「不条理な苦痛」との苦闘のなかでも、宗教的な関心や繊細な精神を持続させることであった。対人的な関係でいえば、最愛の妻や子どもや仕事仲間がきっと自分を「待っている」にちがいないと想像することであった。収容所の外に自分を「待っている」人がいることを想像できれば、それが幻想であれ、苦痛との苦闘を続けることができた。生きていれば未来に何かがある、それは不確かな未来ではあるけれども、未来への期待、希望の持続であった。緊急時に続けられる心臓マッサージは、

万に一つにない空しい試みとしても「もう1回」「もう1回」と続けなければ生還への道が閉ざされてしまう。「生のパラドックス」を貫いて生きる、希望をもって善く生きることを支援する必要があるのである。

　強制収容所のような体験は現在では現実的な意味がないように思われるかもしれない。しかし先の『自殺総合対策大綱』によれば、国民のおよそ20人に1人が「最近1年以内に自殺を考えたことがある」と回答している（2012年1月実施の内閣府の意識調査）。マス・メディアや学校教育は「命の大切さ」を説くが、今や「自死」は一部の人の問題でないということである。だれもが当事者となりうる重大な危機といってもいいだろう。この意味で「生のパラドックス」の自覚、限界状況でも近い未来への期待を持ち続けることが欠かせないのである。

3　「癒されたい」ニーズ

　多くの宗教も「生のパラドックス」を引き受けることが善く生きることであることを教えている。死後に救済があることを説く宗教でも、死にいたるまでの生をどう善く生きるかの答えを集大成し、それぞれの宗教思想を構築してきた。仏教の答えは前述したように、「生老病死」の四苦の自覚であろう。仏教者のなかにはこの四苦からの解脱を説くが、多くの人間にとって解脱は困難である。もし「悟る」ことが困難ならば、人びとは「悟り」よりも「救い」に期待する。この「救い」は歴史的にも仏教の社会的使命とされてきた。しかし、人びとは今日、既成の宗教団体への帰属を好まない。

　もちろん、ある調査によれば日本人は墓参り、初詣という行動は9割強がしているし、神社への参拝も8割弱がしている[16]。しかし仏教などの特定の宗教を信仰する割合は4割弱である。にもかかわらず、この調査でも国民の半数は宗教に「心のやすらぎや幸福感」や「困難や悲しみを

癒す」ことを期待している。したがって、既成宗教への信仰をもっていない人でも「親しみを感じる宗教」を問うと、仏教で65.3％、神道で20.5％である。しかもこの2008年の調査は10年前に比べ、それぞれ15ポイント、6ポイント増加している。「宗教を信仰しないが、聖なるものや霊的なものには関心がある」は26.0％である。「宗教を信仰し、聖なるものや霊的なものには関心がある」を加えると、3人に1人はスピリチュアルに関心がある。

したがって、日本人は依然として仏教などの宗教がもたらす意義も認めているものの、既成宗教には帰属はできない。そうであるならば、わかりやすい世俗的な「救い」を求めざるを得ない。

ここに「癒し」や「スピリチュアリティ」や「ヒーリング」が登場する。近年は「癒す」「癒される」という言葉が氾濫している。熊野や伊勢や出雲などが「ヒーリング・スポット」「パワースポット」「スピリチュアルスポット」などと喧伝もされている。癒されるグッズ、癒される音楽や絵画などを市場とするビジネスも活発である。「癒されたい」ニーズに応えるべくさまざまなセラピーも登場している。認知療法、音楽療法、園芸療法、動物療法などもある。治療のシステムが確立したわけではないが、アロマテラピー、カラーセラピー、ドラマセラピーなども見られる。

この「癒しビジネス」ともよぶべき状況を一時的な流行として片づけることは困難である。たしかに胡散臭いとの印象は免れがたい。社会問題となったオカルトへの危険もある。しかしこの流行には前述の「自殺者3万人時代」に呻吟している日本人が人生の危機や難所に追い詰められている歴史的症状がうかがえる。生きる意味や心の拠り所を求めた結果である。(17)伝統的な宗教や近代理性主義から漏れた「スピリチュアリティ」に救いを求めているのである。市場の「スピリチュアリティ」は

宗派性がなくアモラル（脱道徳）な性格をもっているので、信仰者でなくとも接近しやすいのである。

しかし、過去にも必ずしも信仰一途でない「スピリチュアリティ」に応える慣習もあった。たとえば聖地を訪れる慣習である。四国八十八か所の霊場巡り、西国三十三か所巡礼、熊野詣、善光寺参りなどである。平安時代から用意されており、江戸時代には民衆にも浸透し、現在でも多くの参拝者が訪れている。しかも、もともと救済への願いをかなえる修行という性質とともに行楽という性質もあったので、大衆化したのである。特に巡礼は居住地を離れ、日常性から解放されて「巡って歩く」ことに意義がある。同じ聖地を訪れる伊勢参宮などへの直線的な参詣とは異なり、円環的である。そのうえ、各札所の本尊は観音菩薩や薬師如来を含み、真言宗や天台宗に限らない信仰に拠（よ）っていた。民衆はそれほどに現世での救済や来世信仰を願っていた。日本の伝統的宗教が担う、このアモラルな行動がウォーキング療法として心を鎮め、参拝し救いを求めてきた。

「癒されたい」というニーズは近代理性主義にも期待できない。なるほど科学や科学技術が進歩し、迷信や誤りは取り除かれ、人生を合理的に説明することが可能になってきた。健康と長寿への期待を満たす医学や看護も進歩した。しかし、外科医自身が「医学はたしかに進歩したが、医師は患者の生命の延長ばかりを考えすぎた憾（うら）みはなかったのか」と自己批判している。[18] 今後は「生きるということの質」（QOL）を問題にすべきこと、そのためには科学にはなじまない問題を検討しなければならないと論じる。

「生のパラドックス」を貫くには合理的な説明、言語や数理による整合的な説明では納得できない問題が残る。先に市井三郎は論理整合的な思想として人間史を吟味し解決の方向を指示したけれども、私たちはそ

の思想史を超えた課題を今もかかえている。仏教や神道やキリスト教などの宗教への期待が今も変わらないのは、合理的な説明から漏れる課題があるからである。

　哲学者パスカルは優れた数学者であり科学者であったので、人間の理性の働きを重視した。しかしかれは理性に限界を認め、理性を超えた「心情の道理」をも強く訴えた。なぜなら「理性の最後の一歩は、自分をこえるものが無限にあることを認めることである。理性はこの点を知るところまでたどりつかなければ、しょせん、弱いものにすぎない」[19]からである。この理性にも解けない心（心情）の論理を想定しないわけにはいかない。敬虔な信仰者でもあった『パンセ』の著者は書く――「心には、理性の知らない独自の道理がある」[20]と。

4　本居宣長の「安心」

　ところで、先に述べた本居宣長も、パスカルに似て、理性には理解できない「心情の道理」を認めていた。たしかに宣長が儒教や仏教を「漢意」として退けたのは通説である。またその混淆である本地垂迹（ほんじすいじゃく）説に基づく両部神道や垂加神道をも厳しく批判している。ところが、宣長は仏教への理論的批判とは別に日常的には仏教（浄土宗）に帰依し、安心（あんじん）立命（りゅうめい）を得ようとしていたことがうかがえるのである。

　たとえば、仏教の説に儒教の道理を混合する両部神道に従い安心（あんじん）を得ようとする門人・小篠道冲（敏・浜田藩儒者）の質問に対して、「無益の空論に候」[21]と強く否定している。なぜならば、死後のことはわからない、仏教や儒教のような理屈で安心を求めても論拠が示せないからである、と。宣長はもともと『古事記』を論理的・思想的原理とするから、そこから導出される合理的・実証的結論しか認めない。この研究の成果が『直毘霊（なおびのみたま）』（『古事記伝』一之巻）であった。

この質問者は宣長の『直毘霊』に共鳴したのであるが、そうであるならば「神道に安心といふ事なし」と回答するのみだと答える。悪人は地獄に、善人は天上浄土に生まれるというのは方便の作為である。この答えに常人は安心しないであろうが、しかし人が死んだら善人も悪人もみな「よみの国」に行くものだ、これは人知を超えた「何事もみな神のしわざ」であるから、ただ「かなしむより外の心なく」と断ずる。質問者にとっては取りつく島もない安心論である。しかし宣長はこの現実を受け容れよ、と答える。来世での救済への道を示唆もしない死生観である。しかもそれを『古事記』という原典によってのみ論理整合的に議論する、宗教の領域には飛躍しない議論にとどまる。

　もともと宣長にとって「神」は「何にまれ、尋常ならずすぐれたる徳のありて、可畏き物」である。「すぐれたる」ものには尊いことや善きことだけでなく、悪しきものも奇しきものなども含む。貴いことも賤しいことも含む。したがって、「神」の威力は人間にはいかんともしがたい。人間はいわば操り人形のように「神」の意のままに行動せざるを得ないことになる。春夏秋冬や風雨などの気候も、しかもそれが善いことであれ悪しきことであれ、人間の意思によって決定できることではない。「神のしわざ」ということになる。この人知の及ばない威力に対し、人間はただ、善き神をまつって幸福を祈るか、荒ぶる神をまつり和らげるしかない。

　しかしこのアモラルな論理で宣長の安心は得られたのであろうか。この死生観を甘受していたのであろうか。

　宣長は少なくとも日常的には無信仰であったわけではない。宣長の家は父方も母方も浄土宗に帰依していた。自身も少年の頃『円光大師伝』を書写しているし、松坂から京の知恩院にも参詣している。もちろん『古事記伝』の執筆などによる神道研究は仏教への対応に変化をきたし

—140—

た。しかし、家の信仰としては日常的には仏事を持続していた。仏壇もあり阿弥陀三尊像を拝むし、「大晦日鏡備へ覚」もあり、大晦日には神壇とともに仏壇に鏡餅を供えるべきとしていた。こうして日常的な安心を得ていたのである。

　さらには、前述したように神道式の奥墓を準備していたが、その同じ「遺言書」で仏式の葬儀の次第や「高岳院石上道啓居士」とする戒名まで準備していた。独自の神道によって葬られることも望んでいたけれども、仏式の葬儀による慣習との折り合いをつけていたのである。つまり宣長は「神」原理から導出できる個々の指令を徹底させてはいない。「神のしわざ」を重視する人間として行動では慣習との敵対を避けていた。このことがじつは宣長の「安心」を支えていたと思われる。殉死や切腹を潔いと肯定するのではなく、ただ死を人間にとっての最大の哀しみとして受け容れる癒しを仏教に求めていた証左である。

5　煽る「学校式教育」

　人生における次から次へと立ちはだかる難所を超えるには個人の努力では限界がある。「がんばれ」は私たちに深く浸透した励ましの言葉である。しかし難所にいる当事者には「がんばりたくともがんばれない」危機的状況もある。前述したとおり「自殺者」は「追い込まれた末の死」であった。社会的に追い込まず自殺を予防する施策や適切な治療が求められている。

　しかし、現実には多重債務などによる倒産・解雇・失業、長時間労働などを短期間に、個人の能力や才覚だけで解決するのは困難である。余命いくばくもない重篤な病気、薬石効なく苦痛にさいなまれる疾患などは、医学的な治療でも治癒が困難である。セラピーにも頼れない。さらに遡れば、若い時代の学校生活で起きた受験・進学の失敗、いじめ・不

登校・ひきこもりなどはその後の人生を支配する。学業のゆきづまり、恋愛の挫折、就職の失敗は就職、結婚、家庭生活に影を落とす。しかもその結果である就職生活や家庭生活でも本人に責任を問うことはできない苦痛を引き起こす。

第二次世界大戦後、日系の移民社会で起こったいわゆる「勝ち組と負け組」という発想が現在にまで尾を引き、学業、恋愛、就職、結婚などにも拡張され、「負け組」と思った人を苦しませている。仮に「負け組」だとしても人生の過程で回復や挽回が可能であるし、「勝ち組」が勝ち続けるわけでもない。二つの区別は無意味であるけれども、「負け組」と思った当事者には本人の努力では回復できない理不尽な苦痛である。しかも、人生にはゲームとは違ってリセットボタンはない。人生を白紙に戻したいと願う人がいるが、過去は容易に白紙にはならない、と思い悩むことになる。

つまり「生老病死」の人生は励ましでは効かない苦悩を招くことがある。この苦悩から学ぶには一片の励ましでも煽る学習でもなく、鎮める学習にはじまる。「癒し」や「ヒーリング」へのニーズが依然、高いのは「傷ついた自分」を鎮める手だてを模索している姿である。学習もまた、まず鎮めることが欠かせない。

ところで、わが国では明治以降、鎮めるどころか学習を煽ってきたきらいがある。

明治政府は欧米の学校制度を導入した際、欧米とは異なり「学制」に先立ち文部省を設置し全国一律の学校制度を整備した。「被仰出書」(明治5年の「学制」の序文)は、従来の教育が「農工商及婦女子」を度外視して武士階級以上に限定したことを批判し、これからは学問が各人の立身の「財本」であり治産昌業の基礎となることを宣言した。じじつ、これによって庶民にもかつての身分を離れ、教育機会の大幅な拡張が可

能になった。

　学校制度はだれでもその身分にかかわらず、一定地区（学区）に住み、一定年齢（満6歳）に達すれば一定期間、学校教育を受ける「学校式教育」(27)として整備されていった。学区、学齢、入学資格、教授内容、教師の資格など五つの条件が満たされれば、学習集団の教授・学習過程は効率的に働いた。それまでは生活体験や仕事によって習得するしかなかった知識・技術を専門的に訓練された教師から学ぶことができた。伝統的な読み書き算盤だけでなく、西欧の社会科学や自然科学の基礎を学び、体育や音楽・美術などの芸術に親しみ、料理や裁縫などの生活技術も習得できるようになった。

　こうして近代学校はわが国の近代化の拠点となった。国家にとって、公教育は「学校式教育」を通じて国民に近代国家に必要と思われた知識・技術を伝達し、しかもその修得のレベルに応じて国民を広く選別する機関となった。この開放的な供給基盤から学校は国家に有用な人材を送りこむことができた。この点で日本は、近代学校の範としたヨーロッパ諸国のようなエリートの養成と大衆の養成という二本立ての狭い複線型学校制度でなく、単線型で広く人材を養成できた。

　しかもこの人材の供給機関（選別機関）は国民の需要とも合致したのである。この選別機関は国民にとって有益であった。「学校式教育」は従来の身分や門地によらずに立身が可能な機関であったからである。だれもが入学できる尋常小学校は立身への第一歩であったし、その上には地位や名誉や財産を保証してくれる大学、専門学校、高等師範学校、師範学校、海軍兵学校、陸軍幼年学校などのルートが開けていた。師範学校や軍学校ならば経済的に貧しい家庭の子弟でも進学可能でもあった。中等教育や高等教育へ進学できるならば、それまでの身分や門地にかかわりなく立身出世のチャンスがあった。じじつ、庶民にも上向きの階層

移動が可能となり、平民も政治家・官僚・学者・軍人・企業家などになることができた。

　明治期の演歌や唱歌はこの立身出世を煽った。

　たとえば、明治の初めの俗謡には「書生々々と軽蔑するな／明日は太政官のお役人」と歌われ、のちには「書生々々と軽蔑するな／末は博士か大臣か」と歌われた。自由民権運動のころには、「……若いみそらの人達は　せつせと学校へ通はんせ　読み書きそろばん覚えても　決して損にはなりますまい　日本に生まれた人ならば　勇気を出さんせ起きなんせ　国の為なりおのが為」（「改良節」）と立身を囃し立てた。

　また「学校式教育」の音楽でも勉強を煽った。子どもたちは学校を巣立つ時にこう歌った──身をたて名をあげ、やよはげめよ。／いまこそわかれめ、いざさらば（「あおげば尊し」）。また、望郷の念を読む文部省唱歌、「故郷」も最後にこう歌う──こころざしをはたして／いつの日にか帰らん／山はあおき故郷／水は清き故郷、と。立身出世はたんに個人の願望ではなく、故郷の両親や家族、村の人々への期待に応えることでもあった。青年たちは青雲の志を抱いて村を出て、いつか故郷に錦を飾るべく勉強した。

　森鷗外は戦地でわが子からの手紙を受け取った感慨を「学校」と題する詩（1904・明治37年）で「師とたのむ人の批判は生死の関路」と書く。教師への批判は戦場の生死と変わらないというのである。それほど「学校式教育」での競争は激しかった。また大正期の国定教科書『尋常小学修身書巻二児童用』には「ベンキヤウセヨ」の章が掲げられる。挿絵入りのテクストには先生の戒めを守らず怠けてばかりいたので憐れな人となった男と、勉強したので立派な衣服とステッキをついて歩く紳士とが対照的に描かれている。

　近代国家はこのように、殖産興業、富国強兵を国家目標として若者を

立身出世主義へと煽った。福澤諭吉の『学問のすゝめ』や中村正直訳の『西国立志編』などは明治初期から大正期まで読まれたベストセラーであった。しかも立身出世のチャンスも開かれ、上への階層移動をもたらした。しかしこの結果、学歴主義、学歴社会が強固になっていった。そこで唱道される自立・自助・自修は、社会的ダーウィニズムの優勝劣敗に基づき他者を競争相手とみることになるから、勝ち残るために安住の場が見つかるまで苦闘を続ける仕組みとなる。

　しかし学習は「煽られた」からといって、すべての児童・生徒や若者が勉学に励み、成功し上級学校へ進学できるとは限らない。軍学校、師範学校、帝国大学などに進学でき、就職の面で立身する者はわずかである。そこでこの大量の失敗者を生む社会的な「加熱」作用は「冷却」作用を必要とする。失敗者の挫折を緩和し怨念に転化しないようにする社会的装置もあった。たとえば、「講義録」（旧制の大学や中学校などに入学しないで学ぶ通信教育）は刻苦勉励するも中学校や大学には入学できない若者の「冷却」機能として働いた。競争社会にはいわば「諦める」装置も必要だったのである。

6　「鎮める学習」への期待

　「少年（青年）よ、大志をいだけ」という煽る学習は第2次世界大戦後にも吹聴され、若者を競争に駆り立ててきた。戦後は新しい憲法と教育基本法によって教育の機会均等などの教育理念が打ち出された。しかし、教育基本法第4条は2006年に改正されたものも含め「すべて国民は、ひとしく、その能力に応じた教育を受ける機会」が与えられると明言する。「その能力に応じた教育」は能力主義、学歴主義を正当化する文言であり、一人ひとりの「適性」（才能）に応じた教育は明言されてはいない。

その後、高度成長期のもとで、人口比の割合が高い団塊の世代は高校や大学という狭き門に入るべく受験戦争に巻き込まれた。この競争に勝つために学校教育では成績至上主義がはびこった。その結果、文部行政はこの競争の激化を緩和するべき学歴主義や成績至上主義を軌道修正すべく、「ゆとり教育」を提唱した。しかし、これも経済格差と連動する学力格差を生むとの批判にさらされ、グローバル化した国際的な経済競争に勝つために再び軌道修正を余儀なくされつつある。すでに平成12年（2000）度の『経済白書』は「知識基盤型成長」を掲げ、従来の知識とは異なる「ナレッジのマネジメント」や「知的資本」を唱道するようになった。「知識資本主義」という経済理論も登場し[30]、これにふさわしい知育が絶え間なく続けられ、高度な知識が要請されている。

　この学校教育の歴史は学校が国家社会に有為な人材を選別する機関として整えられてきたことを教える。あたかも学校教育だけが教育機関であるかのような「学校式教育」を整備し、一人ひとりの適性や能力への配慮を欠いた。生涯にわたる学習という長期の関心から生涯発達を支援するというよりも、「学校式教育」で評価される特定の能力、特定の知識・技術、特定の性格が短期間に格別に発達した人間が優先させる教育体制を整備した。この学歴のハシゴを成功裏に登ったエリートは、この偏った評価を基準に教育体制を再整備することになる[31]。

　もとより、学校時代の知識・技術だけではなく、卒業後にも必要な知識・技術は相対的に増えていく。この傾向に適応するためには今後、社会人が仕事をしながら高等教育機関で学べる体制、リカレント教育体制を整えていく必要はある。しかし、初等教育が大衆化すれば中等教育機関へ、中等教育が普及すれば高等教育機関へという体制づくりはおのずから、進学を促進し、学習を煽ることになる。先の『知識資本主義』の論者はそのリスクとして受益者負担の増大を認め、それが「やさしさ」

を欠くことを認めるけれども、それが経済合理性だと主張する。第1節で述べたように、自殺やうつは経済合理性を尺度にすると「逸失利益」とみることもできるにもかかわらず、である。知識基盤社会での「知」は従来型の形式知ではなく暗黙知だとされる。しかし、今度はこの暗黙知の習得が煽られるかもしれない。

こうして学歴社会と知識資本主義のもとで知識を増やすべく「がんばれ、がんばれ」と励まされ、成人も子どもも学習を煽られることになる。しかし、前述したように、近代合理主義に依存せず「スピリチュアリティ」に期待する人びとには「煽る学習」より「鎮める学習」こそ必要なのである。

先に述べたミドル・クライシスにある成人期でいえば、現実に求められる「鎮める学習」の事例は最良の師となりうる読書である。学習ニーズの調査では集合学習への期待は大きい。しかし勤労者が公民館、カルチャーセンター、公開大学などに足を運んで学ぶ機会は地理的にも時間的にも経済的にも制約されている。週休二日制が確保されている都会の社会人以外には集合学習の機会は少ない。eラーニングなどの遠隔教育へのニーズが高まっているのも、ビジネス・パーソンには地理的・時間的余裕がないことを物語っている。

そこで社会人が身近で現実的に学ぼうとすれば集合学習よりも個人学習が選ばれる。特に読書は、読書療法もあるほど、疲れた心を鎮める効用がある。今や、廉価な文庫本だけではなく電子書籍でいつでも読めるし、携帯端末で朗読に耳傾けることができる。

具体的に書こう。読者は藤沢周平の作品に引かれ自分の思いを鎮めることができる。『蟬しぐれ』には武士社会の権力闘争に翻弄されつづける下級武士の苦悩・苦闘が描かれる。宮仕えの息苦しさのなかでも非情なめぐり合わせに立ち向かう主人公。ビジネス・パーソンや公務員はそ

こに出世競争に巻き込まれ翻弄される自分自身を見出す。理不尽な取り扱いに対する登場人物の憤りに共鳴しながら、その文章を追いかける。追いかけながら読後にはしだいに自分の憤りが治まっていくのを感じる。同時に、個人の努力ではいかんともしがたい儒教的な武士道のしがらみの中でも純な心を忘れない侍も発見する。傍流の侍の潔い生き方にさわやかな読後感を得る。戦い済んで老いへの静かな諦念を受け容れる人間を『三屋清左衛門残日録』に発見し、出世競争の渦中にいる自分の将来に思いを致す。

　また、たとえば山本周五郎の作品である。周五郎の作品に登場する人物はどれも哀しい人間である。彼らは、憎しみを生きがいにする暗い過去を背負う人であったり、逆に無知で底抜けにお人好の人であったりする。しかし、だれも呻きつつも善く生きようとする庶民である。読者は自分と同じように不幸せな男女の怒りや恨みを発見する。自分のなかにぼんやりと渦まいていたその怒りや恨みを思い起こす。そして対人関係に疲れた自分にこう言い聞かせる——人間だもの、だれだってこう怒り恨むのは当然だ。法が裁かない以上この女の復讐はぜひ成功させてやりたいと。また「あやまちのない人生というやつは味気ないものです。心になんの傷ももたない人間がつまらないように、生きている以上、つまずいたり転んだり、失敗をくりかえしたりするのがしぜんなのです。そうして人間らしく成長するのでしょう」(34)という言葉にわが傷を癒すことになる。ちなみにこの『日日平安』(35)に収められている短編「城中の霜」は安政大獄によって死罪を命じられた橋本左内が死に直面して号泣するという話である。太平洋戦争直前にこれを書いた周五郎は死を賛美するような「武士道」を批判し、宣長が先に指摘したような武士の真情を描いている。

　高度経済成長期には『竜馬がゆく』や『坂の上の雲』などの司馬遼太

郎の作品が多数の読者を獲得した。司馬遼太郎はたしかに高度経済成長に棹さした。しかし、ビジネス・パーソンや公務員は人生の難所をまえに人生を冷めた眼で観察し、人生への恨み・つらみを昇華させ、自分の欲望を鎮めようとしている。

7 椎尾辨匡の全生教育論

以上のように、生涯学習は人生の難所に出会ったときにも対応できるような内容・方法でなければならない。もちろん、生涯学習を励ます学習があってよい。しかし、不幸にして難所を抜け出せず挫折に陥ることを見据えた癒す学習も必要である。生涯学習プログラムにはこのような学習メニューも欠かせない。「がんばれ、がんばれ」と煽る学習だけでは「生のパラドックス」が学べないからである。

この観点から新たに評価できる生涯学習論は椎尾辨匡(しいおべんきょう)(1876〜1971)に求められる。この仏教の立場からの生涯学習支援論の特長は、生涯学習を人間の誕生から死までの問題に限定せず、生まれる以前も死後も含めた「全生教育」[36]にある。それは、未生時の教育（夫婦の教養など）、将生時の教育（胎教）、今生時の教育（産褥期）、已生時の教育（乳児・幼児・少年・青年・壮年・老年の各期）、死後の教育の5段階に分けられる。

注目すべきは、通常の生涯学習論では論究しない「未生時の教育」とともに「死後の教育」を提案している点である。それは、枕経や引導などの死者そのものへの教育だけではなく、一周忌、三回忌などの年忌法要も含む。法要を通じて縁故ある人、無縁の人びとを教育することと位置づけられている。法要が亡くなった人の生き方から生きている者が学ぶ学習機会と捉えられる。ちなみに、全生教育は全生にわたるから時間軸だけではなく、空間軸として家庭、社会、学校も視野に入れられてい

る。

　死者を悼むということは、自分が生かされていること、自分もやがて死にいたることを自覚する機会である。また、その自分がやがて死者として悼まれることを自覚する機会である。この意味で法要への参加は自分も仏性をもち菩薩道を実践している過程にいることを自覚する。自覚するとともに、自分の菩薩道を生かしてもらえるよう、次の世代の「将生時」や「今生時」の教育の意義がわかってくる。駅伝のたすきのように、自分が次の世代に受け継ぐべき何かを考えることにもつながる。フランクルが指摘する「待っている」人への期待はこの世にも次の世にもあることを知ることができる。知ることによって、今を勝ち抜こうと心身を悩ます欲望を鎮めることができる。

　ところで「全生教育」の目的を椎尾はあらゆる生きとし生けるものとの平等な共生にある。「煽る学習」は自修や自助を高く評価する見返しとして、他者との競争を正当化する。このことは他者との信頼を損ないかねない。この点で自立は同時に他者との「共生」をともなわなければならない。学習もまた自立と共生とを目指すものでなければならない。しかし、椎尾は人間だけではなく、この共生に動物や植物をも含めた。大乗仏教の「一切衆生悉有仏性」に従い、老若・男女・貧富・民族・国家のみならず、「山川草木」をも「生きた如来仏陀」と捉えている(37)。

　仏教に親しまない人にはこの指摘は奇異かもしれない。人間のような心情や理性が働いているとは思われない動植物との共生が主張されていることに。まして生命さえもたない無生物や自然環境と人間との共生が考えられていることに。

　しかし、今日の生物学などがエコシステム（生態系）として明らかにした法則によれば、人間と動植物、動物と植物と土壌微生物はそれぞれ相互に依存し合っている。人類は地球資源が提供するエネルギーによっ

て生かされている事実がわかってきた。したがって、人間が善く生きるには人間同士の共生だけではなく、自然環境のなかで共に生きることを模索せよ、という椎尾辨匡の主張は今日の科学の成果からしても、首肯できる。とりわけわが国では3.11を経験し、信頼度の高かった自然科学も想定できなかった現実に直面し、生きとし生けるものの「共生き」は再評価すべき論点である。

おわりに

　山形県の置賜(おきたま)地方には「草木塔」（草木供養塔）がある。江戸時代に材木を活用するために多くの樹木を切り倒した。その樹木・草木には霊魂が宿ると考えられていたので、その鎮魂のために創られた。同時に自然への感謝と山仕事の安全を祈願する意味もあった。[38]自然保護が普遍的な理念となった今、植物や動物との共生を図るべく「草木塔」の理念は受け継がれなければならない。樹木を鎮めるように、私たちの煽られた思想、煽られた学習を鎮めていかなければならない。善く生きるということを、広く人間や自然のなかで考えていかなければならない。

【注】

（１）　『パスカル著作集Ⅶ』（田辺保訳）教文館、1982年、58頁。なお、この訳の底本はラフュマ版『パンセ』である。
（２）　市井三郎『歴史の進歩とはなにか』岩波新書、岩波書店、1971年、139頁。
（３）　同上、140頁。傍点は市井。
（４）　村松謙一『魂の会社再建――ドキュメント・再建弁護士の会社救済ファイル２――』東洋経済新報社、2010年。
（５）　国立社会保障・人口問題研究所（社会保障基礎理論研究部金子能

宏・佐藤格）「自殺・うつ対策の経済的便益（自殺やうつによる社会的損失）の推計」2010年9月。単年度の推計額とは、その年に自殺で亡くなった方が亡くならずに働き続けた場合に得ることが出来る生涯所得と、うつ病によって必要となる失業給付・医療給付等の減少額の合計である。

（6）『本居宣長全集』第18巻、筑摩書房、1973年。以下、宣長からの引用はこの全集（全20巻・別巻3巻。1968〜1993年）による。旧字体は新字体に改めた。

（7）同上、第20巻、231〜234頁。

（8）同上、第1巻、184頁。

（9）同上、144〜145頁。

（10）同上、第8巻、357〜358頁。

（11）V・E・フランクル／霜山徳爾訳『夜と霧――ドイツ強制収容所の体験記録――』みすず書房、1961年（1985年新装）。底本は1947年版。121頁。

（12）なお新版（底本は1977年版）では「3月30日」と改められている。ヴィクトール・E・フランクル／池田香代子訳『夜と霧　新版』みすず書房、2002年、127頁。

（13）前掲霜山訳『夜と霧』、180〜182頁。この章のタイトルは「絶望との闘い」。

（14）同上、119頁。

（15）同上、126〜127頁。

（16）NHK放送文化研究所（西久美子）「"宗教的なもの"にひかれる日本人―― ISSP国際比較調査（宗教）から――」（『放送文化と調査』2009年5月）。調査時期は2008年11月である。なお以下のデータもこの調査による。

(17) 島薗進『スピリチュアリティの興隆――新霊性文化とその周辺――』岩波書店、2007年。
(18) 井口潔『心の行脚　人間科学への道』九州大学出版会、1991年、99～101頁。
(19) 『パスカル著作集Ⅵ』（田辺保訳）、教文館、1981年、276頁。
(20) 前掲『パスカル著作集Ⅶ』28頁。なお「独自の道理」はraisons（理性）の訳である。パスカルは理性（raison）には理解しがたい心（心情cœur）があると主張している。
(21) 前掲『本居宣長全集』第1巻、525頁。この『答問録』は門人らからの書状による質問（問目）に対する宣長の回答を編集した文献である。宣長は夜間の対面教育や出張講義を実施していたが、同時に圧倒的多数の門人や非門人には書簡の交流によって指導をしていた。書簡は面談とは異なり、質問者の身分・職業・境遇などを捨象するから相手の立場に関係なく宣長の思想を率直に表出している。
(22) 同上、526頁。
(23) 同上、527頁。
(24) 同上、第9巻（『古事記伝　三之巻』）、125頁。
(25) 同上、第20巻所収。
(26) 同上、第20巻所収。
(27) 白石克己『生涯学習と通信教育』第3章、玉川大学出版部、1990年。
(28) 竹内洋『選抜社会――試験・昇進をめぐる〈加熱〉と〈冷却〉――』メディアファクトリー、1988年、30頁。竹内洋『立身出世主義――近代日本のロマンと欲望――』日本放送出版協会、1997年。

(29) 井上義和「蛍雪メディアの誕生――勉強立身熱と講義録ブーム――」(『佐藤卓己・井上義和編『ラーニング・アロン――通信教育のメディア学――』新曜社、2008年)。
(30) アラン・バートン＝ジョーンズ／野中郁次郎監訳『知識資本主義――ビジネス、就労、学習の意味が根本から変わる――』日本経済新聞社、2001年。
(31) 白石克己・廣瀬隆人編『生涯学習を拓く』ぎょうせい、2001年。
(32) 前掲アラン・バートン＝ジョーンズ『知識資本主義』、318頁。
(33) 藤沢周平『蟬しぐれ』文春文庫、1991年。同『三屋清左衛門残日録』文春文庫、1992年。電子書籍もある。
(34) 山本周五郎『五辦の椿』新潮文庫、1964年、46頁。電子書籍もある。
(35) 山本周五郎『日日平安』新潮文庫、1965年、123頁。電子書籍もある。
(36) 椎尾辨匡「有信有業の教育(国民教育における宗教教育)」1931年（第一版）(『椎尾辨匡選集』第8巻、椎尾辨匡選集刊行会、1971年所収)489～495頁。
(37) 同上、486頁。
(38) やまがた草木塔ネットワーク事務局『いのちをいただく――草や木の命をもいとおしむ「草木塔」のこころを求めて――』山形大学出版会、2007年。

第22回国際仏教文化学術会議　総括

藤 堂 俊 英

は じ め に

　すでにあった取り組みへの理解が、これからあるべき取り組みの思慮へと向かい、これからあるべき取り組みへの思慮がすでにあった取り組みの解明なり発掘に転じていく。その境界線上に立った6人の先生方の発表と論考を振り返ってみたいと思います。

　インドに生まれた仏教が文化接触によって異なる風土の中に受容され、根を下ろしていくその過程には、医術を媒介とした身・心両面にわたる癒しの技が介在していた、そうした事例を諸種の文献の中に見ることができます。古代インドにおいて呪術的ではない、今日のような合理的な医療と看護の技を所有していたのは、仏教サンガとアーユル・ヴェーダの医術団であったと指摘されています。

　癒しという問題領域が、身・心両面におよぶということについては、東洋においても西洋においても同様であり、そこに人間の願いが、その方向性として持つ共通性、普遍性をみることができます。興味深い例をあげれば、ゴータマ・ブッダが活躍していたほぼ同じ時代、古代ギリシャにおいて、少なくとも知識人の間に浸透していた今日のダイエット

(diet) の語源になるディアイタ (diaita) という語がありました。その原意は人生の送り方、生き方、というものでした。この問題について、西洋医学史研究家として日本でも知られているスペインのエントラルゴ (P.L. Entralgo) の見解を要約すれば次のようになります。

　身体に癒しを必要とするところがあれば、それを医術の力でカタルシス（浄化）していく。それは医学の役割であった。一方、心に癒しを必要とするところがあれば、それを聖なるものとの接触などを通してカタルシスしていく。それは宗教の役割であった。そうした身・心両面にわたるカタルシスの生活に取り組むところにその人その人の個性を生かした人生の送り方、生き方が可能となってくる。そもそもダイエットには、そういう人間の願いが込められていたというのです。

　私たちはそこに洋の東西を問わない人間の心性、また価値意識を見ることができます。価値意識ということに関していえば東洋文化、具体的にいえば仏教、ジャイナ教、老子、孟子、道家の古典の中に「三宝」という価値意識の表明がみられます。仏教でいえば、いうまでもなく佛・法・僧のことですが、それらは伝統的に良医 (vaidya)・良薬 (bhaiṣajya)・看護人 (upastāyaka) という譬喩で、その働きが説明されてきました。つまり仏教では苦しみを癒すはたらきを備えたものを最高の至上の価値あるものと見なしていたのです。その三つにまとめられた宝は、シャラナ (śaraṇa)、サラナ (sarana)、つまり癒しを付与する保護処、帰依処として定立され、そこに各自の生活を方向定位させていく取り組みが、さまざまな方法、工夫を駆使して指導されてきたのです。それが仏教の歴史であったといえます。

　今回の第22回国際仏教文化学術会議は「仏教と癒しの文化」がテーマとされ、6人の先生方から奥深い、また私どもがこれから課題としてともに取り組んでいくべき問題について貴重な提言がなされました。

朴相権先生の基調講演「癒し文化のビジョン――仏教に現代人の治癒を問う――」では、はじめに古代から今日にいたるまで、身心両面にわたる治癒文化がさまざまな形態をとりつつ進化して来たこと、最近では「健康」の定義に霊的な次元での安寧状態を付加する動きがあることをとりあげ、それは人間の健康とそれに基づく幸福を総体的に把握しようとする努力の所産であるとし、身心の複合的統一体である人間の癒しの全体像と奥行への注視を喚起されました。つづいて「現代の多様な治癒文化」では心理治療、哲学治癒、芸術治癒、文学治癒、瞑想治癒などの治療と治癒の技の性質が、歴史的視点をも踏まえて紹介され、最後に治癒の技がブームとして商業主義に便乗することへの危惧を指摘されました。

　次の「自己治癒と社会的治癒」では、仏教は自己治癒の領域にとどまることなく、社会的治癒の文化を形成していくべき使命を担っているとし、それには人間の中にある無限な潜在能力と心的能力の開発を通した治癒を目指すニューエイジ運動の本質と方法論を参照する必要性を指摘されました。この社会的治癒文化形成については、生命に対する共感力が低下し、社会が本来持つべき心的浮力も低下する昨今、和合を特質とする仏教サンガが前向きに取り組まなければならない課題であるといえます。　特に朴先生が念仏行の易行性、大衆性を踏まえて、浄土宗や佛教大学に求められた問題のところは、「声」が単に聴覚的でなく、触覚的となって身心を包む癒しの機能を持っているという方面からの構築を考えることができます。

　朴先生は最後に結論として、仏教が教団主義や教条主義を超えて、大乗菩薩道の犠牲の精神（これは布施波羅蜜の精神と換言してもいいかと思いますが）に則って、治癒のための方法論の提示と、それに基づく運動を先導的に展開することが、仏教者に課せられた使命であると論じら

―157―

れました。そもそも「道具」という語は、元来、出家者が所有してもよい「仏道之具」という意味の仏教語です。朴先生の発表は、私たち自身が社会的治癒のための道具となるべきことを、強く喚起されたように思います。

次に僧侶として医師として、また幼児教育者として多方面にご活躍の田中善紹先生から「仏教と癒しの文化——在宅ターミナルケアの現状——」と題して発表をいただきました。

日本が遣隋使や遣唐使の派遣によって医学を含んだ中国の文化を導入する以前、それまでの原始的呪術的医療を打ち破る役目を果たしたのは、新羅や百済より渡来した、いわゆる韓医方でした。僧医であられる田中先生の先輩としては、百済僧法蔵や先生もご指摘の唐僧鑑真などが、いわゆる医療国営の律令体制の枠外にあって活躍したことは、日本医学史上よく知られています。先生はまず歴史的に見れば寺や僧侶が医療に積極的にかかわってきたこと、特に死を迎える人への癒しに大きな役割を果たして来た点をとりあげられ、現在においても医療と宗教との接点が多いターミナルケアにおいて、仏教的ターミナルケアがなされてもよいと指摘されました。先生はこれまでに体験された44名の方の在宅での看取りを踏まえ、在宅ターミナルケアの積極的で前向きな提言をされました。「在宅」ということでいえば、「住まい」という日本語は年齢も世代も違う者同士が共に「住み合う」ことを意味し、「住む」は「落ち着く」を意味する「す」に由来する語であるといわれています。

話は飛躍するようですが、今から50年前、ヨーロッパで酸性雨の被害が深刻になったおり、100年に1度、種子づくりをしていた森の木々がわずか50年で種子づくりを始めたという報告があります。それは植物でさえ乗り越えることのできない死という限界を自覚するところから、みずからの生命の内を成熟させる、いわば最高の目標に取り組むことを始

めるのです。これはQL（生命の質）の問題です。在宅はそうしたQLに取り組むのに適した場であると同時に、家族が共に生と死の教育に取り組むのに適した場であることを示されたように思います。

　さらに、先生が願われた五色の糸を用いる臨終行儀についていえば、誕生時の臍帯に象徴される「生の絆」という方面と呼応させることができるでしょうし、死後の法要に関していわれた「心のリセット」については、終末看護がその人の死後も家庭に対して、寺族をあげて取り組むべき性格のものであることを指摘されたものと思います。

　次に、柳聖泰先生に「病める社会の診断とその治療」と題する発表をいただきました。柳先生は病める社会の原因を価値意識の顛倒に見いだされました。この「顛倒」という語は仏教が真理を語り出す場合に、その前段に置かれる、しかも現に私たちの足下にある誤謬の見解のことです。先生はその病める社会の顛倒について、圓佛教の教祖少太山の言葉を引用しながら丁寧に解説されました。それは、自分が他者と同じく、いやそれ以上に多く所有することの結果だけに豊かさを見出す物質価値優先の経済意識です。それは、自他不二という大乗仏教精神から人々の生活を限りなく乖離させていき、病める社会をますます昏迷に陥れる原因になっているというのです。

　先生は今回、病める社会の治癒について、圓佛教の教理に基づきながら、社会治癒論を展開されました。それは、具体的には、天地恩・父母恩・同胞恩・法律恩の四恩と、自力養成・知者本位・他子女教育・公道者崇拝の四要を根拠とするものです。前者の「恩」は「知恩」とも熟語するように、四恩は知の責任性、知のモラルの問題であり、後者は最近の日本の表現を使えば、自分を育てる「育自」と、共に育つことを目指す「共育」の問題です。そして注目すべきことは、それら心の病を癒す理論が、圓佛教においては「心の工夫」ということを通して現に活動に

移されているという点です。

　次に笹田教彰先生の「日本仏教に見る救済と癒し――地蔵信仰を中心に――」は、日本の庶民信仰の代表ともいえる地蔵菩薩信仰の発展と変遷の中から、特に蘇生説話に注目して救済と癒しの問題を探られました。地蔵菩薩をめぐる蘇生説話といえば、中国華厳宗第三祖法蔵の『華厳経伝記』に出る王氏蘇生説話が有名です。生前善行を積まなかった王氏なる人物が、死後地獄の門前において地蔵菩薩から教えられた夜摩天宮品に出る、すべては絵師の筆のように人の心が造りだすものである、「一切唯心造」という経文は、破地獄偈と呼ばれ施餓鬼の法要において用いられています。

　この説話は中国では明代や清代の仏典にも引かれ、日本では平安時代の『往生要集』や『今昔物語集』以降、江戸時代の文献にも引用されています。笹田先生が紹介された一連の蘇生説話には、因果応報思想と地獄の思想が交錯する中で、容易には転換できない業報の転重軽受を地蔵菩薩に願う心情があふれています。転重軽受という癒しに関わる教説は、一切衆生悉有仏性を説くと共に、一方で断善根といわれる一闡提をも説く大乗の『涅槃経』に由来するものです。先生の地蔵信仰にみる蘇生説話への着目は、日本の庶民信仰に深く根をおろした地蔵信仰という身近なところに、癒しの仏教文化があることを、改めて気づかせてくれました。

　金道公先生からは「懺悔修行を通じた現代人の仏教的治癒――元暁の『大乗六情懺悔』を中心に――」という発表をいただきました。

　金先生は現代人の暮らしが過失に対して無感覚になっていることを注視し、それが生み出す苦しみの原因を根本的に顧みる懺悔修行が、現代人の苦しみを治癒していく道であることを指摘されました。自己陶酔症とか自己中心主義を意味するナルシシズムは、無感覚や無神経を意味す

るナルケーに由来する語ですが、自己の過失に対する無感覚、無神経は、その人を自己陶酔症へと追いやり、苦を周囲にもたらす温床となります。金先生は仏教の懺悔論を紹介される中で、今日の社会においては個人の行為の懺悔だけではなく、人間が社会的な存在であるという意識に基づく社会の懺悔と、それを通した社会の癒しの大切さを指摘されました。「社会」を表現するソサイエティー（society）はパートナーシップ（協力）とかコンパニオンシップ（友好）に由来する語ですが、ひとたび共同生活が定着すると、それを成り立たしめている土台が「灯台下暗し」となって顛倒を生み、過失や苦を招きがちになります。

　先生は元暁の『大乗六情懺悔』を中心に、その懺悔修行論を解説され、さらにそれを6項目にわたって批判的に検討されました。その中で懺悔が現代人の暮らしの中に位置を占めるにいたる方法を模索する必要性を喚起されました。懺悔が暮らしの道を正す方向修正、軌道修正の役目を担っていることを思えば、その模索は道しるべを立てる作業のように肝要であると思われます。

　最後に白石克己先生は「鎮める学習への転換」と題して、現代人の学びのありようという視座から癒しの問題をとりあげられました。白石先生は現代の日本の学習が、学歴主義、知識資本主義のもとでガンバレ・ガンバレを鼓舞する「煽る学習」であったことを指摘され、それに対して、生にまつわる苦悩を鎮める「鎮める学習」の必要性を強調されました。それは成長のみを目指す学習に対し、自他が共に喜び合える実りを目ざす、成熟を目ざす学習と読み替えることができそうです。

　先生はその「鎮める学習」の一つの具体例として、椎尾辨匡の生涯学習、全生教育をとりあげられました。椎尾辨匡は仏教の縁起思想に基づく「共生き運動」を展開したことで知られています。現代の自然科学は、多種多様な生物が共存し共生している場や環境にこそ高い浄化の能力が

働いていることを証明しました。そのことを思うとき、白石先生が指摘されるように椎尾辨匡の「生きとし生けるものとの共生き」の思想と実践は、癒しの共同体構築のために、再び証明を当てるべき業績であるといえます。先生が最後に触れられた「草木供養塔」が伝わる山形県置賜出身の浜田広介は、日本のアンデルセンと呼ばれた童話作家として知られています。共生の大地から生まれた文学作品もまた鎮める学習の素材として、また癒しの共同体の糧として、その力量を発揮してくれるに違いありません。

おわりに

　以上、6人の先生方の発表と論考を振り返ってみました。「仏教と癒しの文化」というテーマで開かれた第22回の国際仏教文化学術会議は、多くの示唆と提言に満ちた、充実した相互研鑽の機会となりました。その成果を当日の参加者、そして読者の皆様とともに、それぞれの問題意識を通して熟成させていきたいと思います。

【参照文献】

ケネス・G・ジスク著、梶田昭訳『古代インドの苦行と癒し』時空出版、1993年

H・テレンバッハ編集、木村敏・長井真理・高橋潔翻訳『精神医学治療批判』（創造出版、1985年）所収、エントラルゴ「古代ギリシアにおけるディアイタの意味」

富士川游『日本醫學史』1904年

Vision of Healing Culture
── To inquire about the healing of modern people to Buddhism ──

Park, Sang-Kwon

As needs for welfare in modern society has been diversified and the interest in healing has been increased, all sorts of healing programs are variously being operated. The healing programs in the field of arts, music, literature have drew popular participation. The importance of psychological healing has been emphasized in medical field. In the humanities, a philosophical therapy has been actively used. The religious healing methods such as a meditation practice have attracted public interests and participations beyond their own territories of a religious faith. On the one hand, many issues of the healing programs have been raised in the aspect of their commercial attention.

Especially, in the diagnosis and treatment, to turn the cause of suffering into their individual issues makes it difficult to complete healing. Therefore, we should concentrate on the healing that cures the environmental factors, social healing, combined with the individual healing 'my healing'. As a part of such a direction, we ought to lead into the altruistic social healing based on Bodhisattva (菩薩) sprit of Mahayana Buddhism (大乘佛敎). This is all religion's duty and the role which the religion people must accomplish beyond Buddhism.

Particularly, in the Buddhism, it is the mission of Buddhist to put emphasis on such roles.

Buddhism and healing culture:
the present situation of terminal care at home

Yoshitsugu Tanaka

Everybody has the end-time in life. People at the prime of life don't tend to apprehend the death as their own issue. On the other hand, the death becomes important proposition for those who have been affected by illnesses and aging. What dying people want would be the healing of their body and mind. Not only the medical treatment, but the religion is needed under those situations.

In Japan, the priests used to be the key persons when people were dying, and there are a lot of old documents about the deathbed manners and nursing. Even at present, terminal care, especially the one at home which people die at their own home is a very important proposition. Therefore, I would like to introduce the present situation of terminal care at home with our clinic and the condition of home health-care in Japan, for your reference.

I am both a priest and a medical doctor. The doctor like me has been called priest doctor (Soui) since the Middle Ages. Hereafter, with the unity between Buddhism and medical services, I would like to consider the possibility of adopting the old Buddhist care for dying people into the present care, from the position of priest doctor, who is well-acquainted with both Buddhism and medical services.

A Study of the sick society and It's treatment

Ryu, Sung-Tae

The word of 'cure' or 'treatment' has been chiefly studied in the medical field, but it is nowadays interested in throughout the interdisciplinary fields. As the interest on the cure attracts all of us, the academic conferences are frequently held in the field of religion, philosophy and psychology of cultural science.

Won-Buddhism makes a various diagnosis of the pathology that human beings are suffering in two scope of society and individuals. First of all, to cure the social diseases is just due to 'the turbulent sea of suffering.' According to the founding motive of *Won*-Buddhism by Great Master Sotaesan, with the development of scientific civilization, the human spirit, which should be making use of material things, has steadily weakened, while human beings should be using, has daily grown stronger, humans therefore can not help but be enslaved by the material.

Furthermore, if individuals also get sick, they should make every endeavor to cure any illnesses. The Great Master Sotaesan thought of the reason that we are suffering as individual-mind disorder whose cause is related to individual inner mind disease. He said great and small wars of the world attribute to originally individual-mind disorders for which their mind disease should be cured.

Accordingly, after Sotaesan observed the reality of seriously ill society, he taught his followers to build altruistic society to solve the selfish social conflicts, as called social praying such as praying to the Buddha. An ill society and its treatment are to build an mutual-graces society in return for the 'Four Graces' such as heaven and earth, parents, fellow beings, and laws. To practise the way to mutual altruism of fellow beings among Four Graces, in special, is to overcome already spreaded the social egoism.

Also, Sotaesan suggests 'Mind Study' as a way to overcome mind disease originated from mind disorder. The Mind Study that he said is related to choosing the sound mind from the trying situation of temptation such as richness, beauty, fame and wealth. Mind Study is to reveal clear and calm mind by getting rid of ulterior motive and distracting thoughts, as compared that a farmer have a good harvest by weeding the field. Anyway, curing society and individuals builds a vast paradise as founding motive of *Won*-Buddhism shows.

Mercy and Soothing from a Japanese Buddhist Perspective: Faith in the Bodhisattva Jizō

Kyosho Sasada

The Bodhisattva Jizo has taken a vow to alleviate the suffering of all beings lost in the six lower worlds during the period when the world has no Buddha—specifically, between the death of the Buddha—Gautama and the time when Maitreya completes the path to enlightenment. There are three authoritative sutras on this matter: the two volumes of the *Sensatsu Zenakugoho-kyo* (*Sutra on the Divination of the Effect of Good and Evil Actions*, translated by Bodaito), which appeared during China's Sui Dynasty (581-618 AD); the ten volumes of the *Daijodaiju Jizo Jurin-kyo* (*Sutra of the Ten Chakras*, translated by Genjo), dated to the Tang Dynasty (618-907 AD); and the two volumes of the *Jizo-bosatsu Hongan-kyo* (*Sutra on the Fundamental Vows of the Boddhistava Jizo*, translated by Jisshananda), which trace back to this same period. The appearance of a collection of stories about Jizo, the Jizo *Bosatsu Reigenki* (*Spiritual Tales of Ti-Tsang Bodhisattva*), compiled by Chang Chin-chi in 989 (the second year of the reign of Duangong under the Song Dynasty (960-1279 AD)), suggests that by the close of the tenth century, Jizo had developed a popular following as a familiar Buddhist saint. Specifically, these primary sutras and spiritual legends expound upon the alleviation of human suffering; namely, the worldly benefits to be gained through adherence to Buddhist teachings (health, longevity, and good fortune) and mercy towards beings in the six lower worlds—particularly those who had fallen into hell.

Copies of the Jizo sutras, including the *Sutra of the Ten Chakras* and the *Sutra on the Divination of the Effect of Good and Evil Actions*, have been confirmed among the Shosoin monjo in Japan. Jizo also appears in the *Jizō Bosatsu Reigenki*, compiled by Jizuei and dated to the second half of the Heian period, as well as in seventeen tales from the *Konjaku Monogatari* anthology. These and other texts suggest that numerous miraculous legends of the Bodhisattva Jizo were created and disseminated widely among the people. Particularly in Japan, stories of Jizo became fused with those of people who had returned to life after having died and traveled to the underworld, and belief spread that Jizo was the Buddha who rescued souls from hell. Beginning in the Kamakura period, tales of Jizo such as *Sans* ho Dayu (featuring the Kanayaki Jizo of Tango) appeared with Jizo taking on the suffering of others, while eminent Muromachi-era stories (fairytales) like *Karukaya* (featuring the Oyako Jizo of Shinano Zenkoji Temple) also told of the deity. At the same time, the people's faith in the Bodhisattva Jizo continued to build as tales describing his miraculous deeds were independently created—among them the *Yatadera Engi* and *Mibudera Engi*. With the Buddhist hymns to Jizo (Jizo Wasan) that began to spread during the modern era, the role of Jizo shifted to become the guardian deity responsible for ushering the souls of children between this world and the next. Even today, the Jizo Festival held on August 24 is enthusiastically celebrated around Japan as a way of keeping faith in the Bodhisattva alive. This paper traces the development and transformation of Jizo into one of the prime targets of popular belief in Japan while taking a deeper look at questions pertaining to the meaning of mercy and soothing (*iyashi*) in Buddhist thought.

　The word *iyashi*, however, is a thoroughly modern term—one that does not appear in ancient Japanese texts. It can be found in its verb form, *iyasu* (to soothe or heal), which typically refers to alleviating physical or psychological suffering. For example, the *Tsurezuregusa* (Essays in Idleness) by Yoshida Kenko use *iyasu* in the context of healing from general ills, while the 17th century Japanese-Portuguese dictionary *Vocabvlario da Lingoa de Iapam* includes the phrase "*byo wo iyasu*" (to heal illness). It is therefore thought that use of the term to indicate relief from psychological suffering is a modern development. However, the purpose of this paper is not to focus on the terms *iyashi* and *iyasu*; instead, it concentrates on the ways that Buddhism has played a role in alleviating the physical and psychological suffering of believers. The spread of the Buddhist concept of impermanence features strongly here, and it is thought that the Japanese did not readily accept this concept as an aspect of Buddhist thought; rather, that an understanding of the transience of life grew out of the strong bonds that developed between people. This paper seeks to clarify this process in detail.

Buddhist Healing of Contemporary People through Penitence Practice:
Focused on Wonhyo's Maha-ya-na Six-Emotion Penitence

Kim, Do-Gong

In this study, as a way of removing obstacles of karma arose from their life and purifying their mind while ordinary people live in mundane life, among religious practices of Buddhist faith and practice able to locate in a domain of ordinary life, the penitence practice is considered to be important one, and it has been investigated.

The religious penitence practice has been researched mainly on Maha-ya-na penitence and six-emotion penitence, by Wonhyo's Maha-ya-na Six-Emotion Penitence which comparatively well manifests on its principle and method. Wonhyo's penitence practice theory is based on the theoretic structure of Maha-ya-na penitence of the time though, but also sublimed ordinary folk penitence practice into higher dimension. However, not only his penitence practice theory but also traditional religious penitence practices are required to be changed in many parts from the contemporary view. At present view point, critically examining Buddhist penitence practice theories including Wonhyo's, they possess Maha-ya-na significance on one hand, but the other hand, contain unsatisfied parts.

This study points out them from six angles. It may be an important field that Buddhism could contribute for healing of people and society, by forming a fresh and reverent Buddhist penitence practice and ritual based on pointed out factors, then, distributing it to the society and making penitence practice as general culture.

Shifting to education that restores and nourishes

Katsumi Shiraishi

What sort of educational questions are raised by the idea of "soothing"? How might we define this concept, particularly in the interest of facilitating lifelong education? The issue here is shifting from a pressured, forced approach to education, which has been justified in both the pre- and post-World War II eras, to education that restores and nourishes. Why take up this question? Throughout the ages, Buddhism has asked us to consider how we might live in the best way through all four stages of life: birth, aging, sickness, and death. However, our modern public education system ignores this concept and does not consider it to be an educational issue. Classroom education is used both by the government and the people as a tiered form of advancement, while a social education or home education is now simply a way of supplementing today's cult of career success. Rampant competition is justified as both the public and private sector endorse a system of unchecked personal ambition.

But the more than 30,000 annual suicides in Japan tell a different story—that there are people who are suffering greatly under the pressure to learn that is present during every stage of life. The situation tells us that we must go back to teaching people how to seek a better life by switching to a more soothing and nourishing style of education, and brings us closer to an idea that Shiio Benkyo called *zensei-kyōiku* (total-life education): a life that is rich from the moment of birth to the moment of death and teaches a person what it means to live a good life—priceless knowledge that can be carried on beyond this world and into the next life as well.

치유문화의 비전
── 불교에 현대인의 치유를 묻다 ──

朴　相　權

　현대사회에서 복지에 대한 욕구가 다변화되면서 치유에 대한 관심이 높아짐에 따라 각종 치유 프로그램이 다양하게 운용되고 있다. 음악, 미술, 문학 등 예술분야에서 수행하는 치유 프로그램은 상당히 대중적인 참여를 이끌어내고 있으며, 의료분야에서도 정신적 치유에 상당한 비중을 두고 있다. 인문학 분야에서는 철학치유가 활발하게 전개되고 있으며, 명상 수련 등 종교적인 치유 방법들은 자기 종교 신앙의 영역을 넘어서서 관심과 참여율이 높은 편이다. 한편 이들 치유 프로그램들은 상업주의에 편승한 면이 있어서 많은 문제가 제기되고 있는 것이 사실이다.
　특히 치유를 위한 진단과 방법에 있어서 고통의 원인을 각자 개인의 문제로 돌리는 것은 완전한 치유를 어렵게 한다. 따라서 논자는 개인의 치유, 곧 '나의 치유'와 더불어 환경적인 요인을 다스리는 치유, 곧 '사회적 치유'에 주력해야 한다고 생각한다. 그러한 방향의 일환으로 대승불교의 보살정신을 바탕으로 이타적인 사회적 치유를 선도해야 한다고 주장한다. 이는 불교를 넘어서서 모든 종교의 본분이고 종교인이 수행해야 할 역할이라고 할 수 있다. 특히 불교계에서 그러한 역할 수행에 역점을 두는 것이 불자의 사명이라는 점을 강조한다.

불교와 치유의 문화
────재택 터미널케어의 현황────

田中善紹

　인생의 종말은 누구에게나 찾아 온다. 젊은 시절에는 좀처럼 죽음을 자신의 문제로 생각하는 사람이 많지 않지만, 늙고 병약해짐을 자각하거나 이를 경험한 사람에게 죽음은 중요한 과제로 다가오게 된다. 서서히 죽음을 맞는 사람이 바라는 것은 몸과 마음의 치유일 것이다. 이 순간 비로소 의료와 함께 종교가 등장하게 되는 것이다.
　예로부터 일본의 승려는 임종 시 중심적인 역할을 해 왔으며 임종과 간병에 관한 오랜 자료 또한 남겨져 있다. 현대사회에서도 터미널케어, 특히 자택에서 죽음을 맞는 재택 터미널케어는 중요한 과제라 할 수 있겠다. 본문에서는 필자가 운영하고 있는 의원의 재택 터미널케어 현황과 함께 일본의 재택의료현황을 소개하고자 한다.
　필자는 승려이자 의사이다. 이러한 의사를 중세에는 승의라 불렀다. 불교와 의료의 화합을 통한 터미널케어의 불교적 임종의례가 과연 현실에서도 가능한지, 불교와 의료 양쪽 모두에 전문지식을 가지고 있는 승의의 입장에서 생각해 보고자 한다.

병든사회의 진단과 그 치료

柳　聖　泰

　치료 혹은 치유라는 용어는 그동안 의학분야에서 주로 거론되어 왔지만 오늘날 치료 용어가 사회 전반으로 유행하게 되면서 학제간 연구에서 자연스럽게 부각되고 있다. 이처럼 치유에 대한 관심의 정도가 커지면서 인문과학의 종교, 철학, 심리학의 분야에서도 치유 관련 학술회의가 빈번하게 개최되는 상황이다.

　원불교는 종교의 구원적 사명으로서 인류가 겪는 병리현상을 사회적 측면과 개인적 측면에서 다양하게 진단하고 있다. 우선 사회가 병들어 치유되어야 하는 것은 '파란고해'의 현상 때문이다. 소태산대종사는 「개교의 동기」에서 과학의 문명이 발달됨에 따라 물질을 사용하여야 할 사람의 정신은 쇠약해지고, 물질의 세력은 융성하여 사회가 물질의 노예생활을 면하지 못하게 되었으므로 이것을 '파란고해'라 한 것이다.

　덧붙여 개인이 역시 병들어 있다면 각자가 치료를 위해 적극 노력해야 할 것이다. 소태산은 우리가 고통 받는 이유로 개인의 '마음난리'에 의함이라 하였으며, 이러한 마음난리가 일어나게 된 것은 자신 내면의 '마음병' 때문이라 하였다. 그는 사회 국가의 크고 작은 전쟁도 그 근본을 돌이켜 보면 개인의 마음난리에 의하여 발단된다며, 그로 인한 마음 병이 치유되어야 함을 밝힌다.

　따라서 사회구원의 차원에서 소태산은 병든 사회의 실상을 목도, 물

질문명의 팽배에 따른 이기주의적 사회구조에서 바라보았던 관계로 자리이타의 사회를 이루고자 하였으며 그것이 바로 사회불공이다. 이에 그는 병든 사회를 치료하는 길로서 천지, 부모, 동포 법률이라는 '사은'에 보은하는 것으로 상생의 사회를 건설하도록 하였다. 특히 사은 중에서도 동포은의 자리이타의 도를 실행하는 것이 이기주의가 만연된 사회를 극복하는 길임을 밝힌다.

또한 소태산은 개인의 마음병도 마음난리에서 비롯된 것임을 주시하며, 이에 대한 극복의 방법으로 '마음공부'를 거론하고 있다. 그가 말하는 마음공부란 무명에 가린 재색명리 등의 유혹의 경계를 당하여 온전한 마음으로 취사하는 것이다. 예컨대 마음공부는 농부가 잡초를 뽑아 풍성한 수확을 거두듯이, 중생들도 사심 잡념을 없앰으로써 맑고 고요한 자성을 노정하도록 한 것이다. 아무튼 사회와 개인의 치유는 원불교 「개교동기」에서 지향하는 광대무량한 낙원세계의 건설에 한층 다가서는 길이라 본다.

일본불교의 구제와 치유
――지장신앙을 중심으로――

笹田教彰

 지장보살은 석가입멸 이후로부터 미륵불이 출현할 때까지 이른바 무불 (無佛) 시대에 육도를 헤매는 일체중생의 구원이라는 사명을 지닌 보살이다. 소의경전으로는 중국 수나라 때 성립된 것으로 전해지는 菩提燈역 『占察善惡業報經』 2권, 당나라 때 성립된 玄奘역 『大乘大集地藏十輪經』 10권 (이하, 『地藏十輪經』), 그리고 같은 당나라 때 성립된 것으로 実叉難陀역 『地藏菩薩本願經』 2권 등 이른바 「地藏三部經」 이라 불리는 경전이 있다. 또한, 송나라 端拱 2년 (989) 에 常謹이 찬술한 『地藏菩薩像霊驗記』가 성립된 것으로 미루어 볼 때 10세기 말경에는 일반 민중과 친근한 보살로서 추앙을 받았던 것으로 여겨진다. 주요 경전과 영험기 등을 통해 전해지는 중생구제의 구체적인 내용은 「건강증진, 장수, 초복」을 중심으로 하는 현세적인 이익과 함께 육도, 특히 지옥에 떨어진 이들을 구제 (地獄拔苦) 하는 것이라 할 수 있겠다.
 일본에서는 「쇼소인 (正倉院) 文書」를 통해 『地藏十輪經』과 『占察善惡業報經』 등의 지장경전이 필사된 것을 확인할 수 있으며, 또한 헤이안 시대 후반에는 지츠에 (実睿) 의 『地藏菩薩霊驗記』와 『今昔物語集』 권17에 수록된 설화 등에서도 엿볼 수 있는 것처럼 지장보살의 영험담이 수없이 만들어져 항간에 유포된 것으로 여겨진다. 특히 일본에서는 한번 죽은 사람이 명계 (冥界) 에서 되살아 온다고 하는 소생담

과 결합하여 지옥에 떨어진 사람들을 구제하는 불보살로서 그 신앙이 확대되어 왔다.

가마쿠라 시대 이후에는「代受苦 (대신 고통을 받음)」의 역할이 기대되어『산쇼다유 (山椒太夫)』(단고 (丹後) 지방의 가네야키 (金燒) 지장존) 와『가루카야 (刈萱)』(시나노 젠코지 (信濃善光寺) 의 오야코 (親子) 지장) 등 유명한 무로마치 시대의 설화 (오토기죠시 (御伽草子)) 를 통해서도 전해지고 있으며,『야타데라 (矢田寺) 연기』와『미부데라 (壬生寺) 연기』등 지장보살을 본존으로 하여 그 영험을 전하는 연기 (緣起) 가 독립적으로 제작되는 등 수많은 사람들의 추앙을 받아 왔다. 또한「地蔵和讚」이 확산되는 근세 이후,「코야스 (子安) 지장」과「미즈코 (水子) 지장」등 현세와 내세에 걸쳐 아이들을 보호하는 본존으로서의 역할을 가지게 되었다. 오늘날에도 8월 24일 각지에서 성대하게 치뤄지는「지죠봉 (地蔵盆)」은 이러한 지장신앙을 계승한 것이라 할 수 있겠다. 본 논문에서는 일본의 대표적인 서민신앙인 지장신앙의 발전과 변용에 주목함과 동시에 불교사상에서의 구제의 의미와 치유의 문제에 대해 고찰하고자 한다.

「치유 (癒し・이야시)」라는 말 자체는 현대적인 용어로써 일본의 고어에서는 찾아볼 수 없는 표현이다. 단,「질병이나 걱정 등의 고통이 나아지다」라는 동사적인 표현은 찾아볼 수 있다. 예를 들어,『츠레즈레구사 (徒然草)』에는「그 어떤 병도 낫게 하였다」는 표현이 있으며, 日葡辞書 (일본어를 포루투갈어로 번역한 사전) 에도「병을 낫게 한다」는 말이 등장한다. 이러한 의미에서 볼 때, 정신적인 고통의 완화를 중시한 것은 근대 이후의 발상일 것이라는 추측이 가능하다. 본 논문에서는「치유 (癒し・이야시)」나「치료 (癒す・이야스)」라는 말 자체에 주목하는 것이 아닌, 육체적 정신적 고통의 완화에 있어서 불교가 어떤 역할을 해 왔는지에 초점을 맞추고자 한다. 여기서 주목할 것은

「無常観」의 침투이다. 일본의「무상관」은 불교사상 자체가 수용된 것이 아닌,「恩과 愛의 연결」을 기본 축으로 이해되고 수용된 것이라 여겨진다. 이 점에 대해서도 고찰하고자 한다.

참회 수행을 통한 현대인의 불교적 치유
── 원효의 『대승육정참회』를 중심으로 ──

金 道 公

본 연구에서는 일반인들이 보통의 삶을 살아가고 있을 때, 그들의 삶에서 생겨나는 업장을 제거하고 나아가 그들의 마음을 정화하는 방법으로서, 불교의 신앙과 수행이 삶 일상의 영역에서 자리 잡을 수 있는 종교적 수행 가운데 중요한 것을 참회수행이라고 보고 논구하였다.

종교적 참회수행론을 비교적 그 원리와 방법에 있어서 잘 밝히고 있는 원효의 『대승육정참회』라는 저술을 통하여 대승참회와 육정참회의 내용을 알아보았다. 원효의 참회수행론은 당시의 대승참회법의 이론에 바탕하면서도 일반 민중의 참회법을 보다 높은 차원으로 이끌고 있는 면이 있다는 점을 확인해 보았다. 그러나 원효의 참회수행론 뿐 아니라 기존 종교 전통의 참회는 현재의 시점에서 많은 부분 변화가 필요한 부분이 있다. 현재의 시점에서 원효의 참회론을 포함한 불교의 참회수행론을 비판적으로 검토 해보면, 참회수행론의 대승적 의미가 드러나는면이 있는 반면, 다소 아쉬운 면도 발견된다.

본고에서는 이를 여섯 가지의 관점에서 지적하고 있는데, 지적한 내용에 바탕하여 보다 참신하고 경건한 불교적 참회수행과 의례를 마련하고 이를 사회적으로 보급하고 참회수행을 일반적 문화로 만들어가는 것이 불교가 개인과 사회의 치유를 위해 기여할 수 있는 중요한 영역이라고 생각한다.

진정시키는 학습으로의 전환

白石克己

「치유」가 제기하고 있는 교육의 문제는 무엇인가. 평생교육을 지향한다는 관점에서「치유」란 무엇인가. 여기에서 논점은 전쟁 전후로 정당화된「부추기는 학습」을 대신하는「진정시키는 학습」으로의 전환이다. 그 이유는 무엇인가? 불교의 가르침인「생로병사」는 시대를 막론하고 누구에게나 주어지는 과제이다. 하지만, 근대 공교육제도는 이들에 눈을 돌리지 않은 채 교육의 문제로도 생각하지 않았다.「학교교육」은 정부와 국민들에 의해 계층상승의 도구로 이용되었으며, 사회교육과 가정교육 또한 입신출세주의를 부추겨 왔다. 기업이나 관청 또한 이러한 상승지향에 동의하며 경쟁을 정당화 시켜 왔다는 것이다.

하지만,「자살자 3만명」문제를 통해 알 수 있듯 생애 각 시기에 걸쳐 부추기는 학습에 신음하고 있는 사람들이 너무 많다. 지금이야말로「진정시키는 학습」으로의 전환을 통한「잘 사는」학습이 필요한 시점이라 할 수 있겠다. 이러한 의미에서 시이오 벤쿄 (椎尾辨匡) 의「전생교육 (全生敎育)」은 생과 사에 이르는 인생, 그리고 그 인생을 계승한 후생에「잘 살지위환」학습의 의의를 가르쳐 주고 있다.

執筆者紹介（収録順）

①生年・出身地　②最終学歴　③職歴　④主な著書

朴　相　権（박상권／Park Snagkweon）
①1948年韓国・全羅北道南源生.
②圓光大学校大学院（圓佛教学）哲学博士.
③圓光大学校圓佛教学科教授．圓佛教大事典編纂委員長.
④『圓佛教信仰論研究』（叢書，圓光大出版局，1996年），『クリック圓佛教』（共著，東南風，2000年）など．

田 中 善 紹（たなか　よしつぐ）
①1950年京都府生.
②京都府立医科大学医学部卒.
③田中医院院長．浄土宗西山禅林寺派光明院住職.
④「在宅医療は一般診療所が中心となるべき」（『日本医事新報』No. 4611, 2012年），「京都新発見〜お寺，診療所そして禁煙〜」（『すこやかハート』No. 106, 2009年），「僧医講座　仏教と医学のかかわり」（『知恩』2013年4月〜連載中）など．

柳　聖　泰（류성태／Ryu Sungtae）
①1959年韓国・全羅北道井邑生.
②圓光大学校大学院（圓佛教学）哲学博士.
③圓光大学校圓佛教学科教授．圓光大学校東洋学大学院長.
④『圓佛教と東洋思想』（圓光大出版局，1995年），『荘子哲学の智慧』（学古房，2011年），『見性と圓佛教』（学古房，2013年）など．

笹 田 教 彰（ささだ　きょうしょう）
①1956年大阪府生.
②大谷大学大学院文学研究科博士後期課程満期退学．日本仏教思想史.
③佛教大学仏教学部教授.
④「無住国師の生死観」（『日本佛教学会年報』75, 2010年），「『沙石集』の一考察」（『佛教大学文学部論集』93, 2009年），「宿業をめぐる冥と顕」（池見澄隆編著『冥顕論　日本人の精神史』法蔵館，2012年）．

金　道　公（김도공／Kim Dogong）
①1967年韓国・全羅北道益山生.

②圓光大学校大学院（佛教学）哲学博士.
③圓光大学校圓佛教学科教授.
④「法蔵の教判に対する問題提起」（『凡韓哲学』Vol.43, 2006年），「圓佛教霊性世界の特徴と意味」（『新宗教研究』Vol.19, 2008年），「圓佛教の死教育と生死観」（『新宗教研究』Vol.24, 2011年）など.

白石克己（しらいし　かつみ）
①1944年東京都生.
②慶應義塾大学大学院博士課程教育学専攻（単位取得退学）.
③佛教大学教育学部教授.
④『生涯学習を拓く』（編著，ぎょうせい，2001年），「本居宣長にみる遠隔教育の原理——『へだたり』・『やりとり』・『つながり』——」（共著，『「教育」を問う教育学』慶應義塾大学出版会，2006年），「歴史の探求——生涯学習の原型」（『日本生涯教育学会年報』28号，2007年），

藤堂俊英（とうどう　としひで）
①1947年和歌山県生.
②佛教大学大学院文学研究科博士課程仏教学専攻満期退学.
③佛教大学仏教学部教授．佛教大学附属幼稚園園長．知恩院浄土宗学研究所嘱託研究員.
④『仏教と看護』（共編，法蔵館，2013年）など.

翻訳者紹介（収録順）

権 東 祐 (권동우／Kwon Dongwoo)
①1972年韓国・全羅北道金堤生.
②佛教大学，文学博士（仏教文化）.
③圓光大学校圓佛教思想研究院責任研究員.
④翻訳「癒し文化のビジョン──仏教に現代人の治癒を問う──」「病める社会の診断とその治療」

李 容 株 (이용주／Lee Yongjoo)
①1969年韓国・SEOUL市生.
②インド・デリー大学校，哲学博士（インド仏教）.
③圓光大学校正訳院研究教授.
④翻訳「懺悔修行を通じた現代人の仏教的治癒──元曉の『大乗六情懺悔』を中心に──」

佛教大学国際学術研究叢書 4

仏教と癒しの文化
　　　ぶっきょう　いや　　　ぶんか

2013(平成25)年9月30日発行

定価：本体1,900円(税別)

編　者　第22回国際仏教文化学術会議実行委員会
発行者　佛教大学学長　山極伸之
発行所　佛教大学国際交流センター
　　　　〒603-8301 京都市北区紫野北花ノ坊町96
　　　　電話 075-491-2141(代表)
制　作
発　売　株式会社　思文閣出版
　　　　〒605-0089 京都市東山区元町355
　　　　電話 075-751-1781(代表)

印　刷
製　本　株式会社　図書印刷　同朋舎

© Bukkyo University, 2013　ISBN978-4-7842-1706-9　C1015